KB263696

21세기를 위한 다이나믹 목회 시리즈

The Dynamics of
Church Leadership

역동적 교회 리더십

오브리 맬퍼스 지음

고영민 . 김기원 옮김

워렌 W. 위어스비 편집

The Dynamics of

Church Leadership

AUBREY MALPHURS

이 시리즈는 경험이 풍부한 목회자뿐 아니라 목회를 시작한 지 얼마 안된 목회자들에게도 효과적이며, 결실이 풍부하며, 기쁨을 누리는 사역을 수행하는 데 도움을 줄 간결한 정보를 제공하는 데 있다.

'목회' 라는 말은 '섬김' 을 의미한다. 그것은, 예수께서 그분의 삶을 통해 친히 보여주었을 뿐 아니라, 오늘날의 목회자들이 삶을 통해 실천하기를 기대하는 가치있는 일이다. 호칭이나 직위가 무엇이든 우리는 모두 교회 안에서 섬겨야 할 하나님의 백성이다.

'역동적' (dynamics)이라는 말은 '권능' 과 동의어로 사용한 것이 아니라, 기독교의 사역 속에서 이미 자취를 찾기 어려운 어떤 요소를 일깨우기 위해 사용하고 있다. 그러한 요소들은 명맥을 유지한다 하더라도 사라지고 있는 중이다. 진정한 성경적 목회란 끊임없는 도전과 변화, 배움과 성장, 이러한 다양한 요소들을 다루는 법을 포함하며, 목회자들이 행하는 사역의 성공과 효과를 결정한다.

이 시리즈는 일시적인 유행이 아니라 근본적 원리에 토대를 둔 실제적인 돌봄을 강조한다. 경험이 많은 목회자들은 현대적인 교훈을 붙잡을 필요가 있는 반면에, 경험이 적은 목회자들은 전통적인 교훈을 붙잡을 필요가 있다. 그러한 일을 허용할 만큼 정직하며 서로의 조언을 들을 만큼 겸손하기만 하면 우리는 서로를 통해 많은 교훈을 얻을 수 있다.

1950년부터 시작하여 목회 해오는 동안에 지역교회 목회사역에서 일어나는 수많은 변화를 보아왔다. 버스를 이용한 목회와 가정교회로부터 소그룹 성장과 초대형 교회에 이르기까지 다양한 목회 양상이 전개되었다. 그러한 변화 중의 어떤 것들은 유익함이 입증되어 많은 교회에서 하나님을 섬기는 사역 속에 수용되고 있다. 하지만 수십년 전에 온 나라의 이목을 집중시켰던 어떤 사상들은 헌 책방에 쌓여 있는 잊혀진 책들의 책장 속에만 겨우 남아 있다. 오늘날의 자극적인 제목들은 얼마나 속히 내일의 각주가 되어 버리는지! "범사에 헤아려 좋은 것을 취하고"(살전 5:21).

누가 썼는지 모르는 고대의 기도가 마음에 떠오른다.

오 진리의 하나님!
새로운 진리를 두려워하는 나약함과
반쪽 짜리 진리에 만족하는 게으름과
모든 진리를 알고 있다고 생각하는
교만함으로부터 저희를 구원하소서!

이 시리즈를 통해, 풍부한 경험을 쌓은 목회자들뿐만 아니라 신학교를 막 졸업한 사역자들까지 격려와 교훈을 얻을 수 있기를 바란다.

- 워렌 W. 위어스비 -

시대의 흐름에 따라 변화는 늘 있기 마련입니다. 그런데 인터넷 시대, 디지털 시대라고 하는 이 시대는 변화의 속도뿐 아니라 그 양상도 다양합니다. 또한 쏟아져 나오는 정보를 다 수용하기도 전에 또 새로운 것을 접해야 하는, 그야말로 정보의 홍수 속에 빠져 있습니다.

새로운 목회 패러다임을 요구하는 이 시대에 복음적인 설교자로 가장 존경받는 워렌 W.위어스비가 책임 편집한 〈 21세기를 위한 다이나믹 목회 시리즈 〉는 목회자, 교회 지도자들에게 크나큰 선물이 아닐 수 없습니다. 이 시리즈는 신학교에서 공부중인 목회자 후보생이나 이제 막 목회를 시작한 목회자, 더 나아가 오랜 세월을 사역한 목회자에 이르기까지 골고루 지침을 주기 때문입니다.

좋은 땅에서 깊이 뿌리내린 나무는 풍파에도 흔들리지 않는 법입니다. 위어스비는 이 시리즈를 통해 예배, 설교, 리더십, 영성, 재정에 이르기까지 목회 전반을 바로 세울 수 있는 기본원리를 제공하고 있습니다. 그것은 바로 성경적 목회관입니다. 모든 목회자의 모델이 되시는 예수 그리스도의 발자취를 좇는 목회입니다. 그 분은 시몬 베드로에게 교회를 맡기면서 "내 양을 먹이라. 내 양을 치라"고 하셨던 것처럼 오늘날도 모든 목회자를 향해 똑같이 명령하십니다.

책을 옮기면서 이 시리즈가 이러한 명령에 답하는 목회자들의 영
적 충전소 역할을 하고, 한국의 목회 현장을 기름지게 할 수 있을 것
이라는 확신을 얻었습니다. 이 또한 주님의 큰 은혜가 아니겠습니까?
마지막으로 부르심을 입은 모든 목회자들의 다이나믹한 목회를
누구보다 원하시고 도우시는 주님께 영광을 돌리고 싶습니다. 그리
고 한국교회에 밀려올 새로운 부흥의 물결을 기대해봅니다.

–고영민 . 김기원–

목 차

Contents

목 차

Introduction 서 론

"일기 예보에 의하면 밖은 10도 안팎이라고 하니 좀 덥겠습니다." 스티브 모리스(Steve Morris) 목사가 밥 스미스(Bob Smith) 목사에게 뜨거운 커피를 따라 주면서 말하였다. 두 사람은 스티브의 새 교회의 넓은 사무실 안에 있는 아주 푹신한 안락 의자에 앉아 있었다. 스티브는 40대 후반의 경험이 있는 목사인데, 자신의 시간과 식견을 가지고 '그레이스 패밀리(Grace Family) 교회'의 목사인 밥의 조언자가 되겠다고 자진하여 나섰다.

"내가 당신과 나눌 말이 아주 많이 있습니다." 스티브는 말을 이었다. "나는 여기 노스포인트 커뮤니티(Northpoint Community) 교회에서 지난 20년 동안에 아주 많은 것을 배웠습니다. 내가 오늘 개괄적으로 설명하는 것이 당신이 기대했던 것보다 지나친지의 여부를 나에게 알려 주기 바랍니다."

밥 목사는 머리를 흔들며 말했다. "저는 그렇지는 않을 것이라고 확신합니다. 저는 제가 얻을 수 있는 모든 도움을 필요로 합니다." 밥은 목회 사역 9년 동안 네 번째인 이 교회에서는 반드시 성공하고 말겠다고 결심하고 있었다. 지금 교회에서는 자신이 과거에 목회했던 작은 세 교회에서의 실수들을 다시는 반복하지 않게 되기를 원했다. 교회 교육 통신망을 통해 자신의 작은 교회보다 훨씬 더 큰 노스포인트 교회와 1년 동안 자매 관계를 맺을 기회가 다가오게 되었을 때, 그와 그의 교인들은 앞날의 가능성에 의해 고무되어 있었다.

스티브 목사는 타고난 재능의 지도자로 유명하였다. 그는 전도와 전입(轉入) 성장이 특이한 균형과 조화를 이루는 가운데 20년 동안 150명에서 1500명으로 성장된 교회의 목사였다. 밥 목사와 그의 교인들은 지역 사회에 그리스도의 영향력을 비상하게 각인시킨 이 사람과 교제하는 가운데 유익을 얻게 될 것이라고 믿고 있었다.

스티브는 말했다. "우선 서로 자신을 소개하고 나서 올해 우리가 토론할 일들을 계획했으면 합니다. 당신이 먼저 시작하세요. 그레이스로 오기 전의 당신 삶에 대해 나에게 말해 주세요."

"글쎄요, 9년 전에 제가 신학교를 졸업했을 때 저는 목회 경험이 전혀 없었습니다. 학교에서는 학문적인 것에만 강조점을 두었으므로, 대부분의 훈련을 교실에서 받았습니다. 졸업 이후 저는 근근히 이어가는 작은 교회 세 군데에서 목회를 하였는데, 세 번에 걸친 저의 재임 기간은 너무나 짧아서 그 기간을 합산하는 데는 수학적인 재능이 필요치 않을 것입니다. 저는 그레이스 교회에서의 첫 해를 맞고 있는데, 도와 줄 누군가를 필요로 하고 있습니다. 저의 지도력 개발과 목회자로서의 능력 개발을 도와 줄 사람이 필요합니다. 그게 바로 제가 여기에 온 이유입니다."

스티브는 웃으면서 밥을 격려해 주었다. 그리고는 계속 말을 이어갔다. "나에게 그레이스에 대하여 좀 얘기해 주세요."

밥은 그 자신도 최근에 배운 것에 지나지 않는, 그레이스에 대한 사실들을 구술하기 시작하였다. "그레이스 패밀리 교회는 1950년대에 10가정에 의해서 개척되었습니다. 그들이 속한 교단의 창설자들이 자유주의적으로 흘러가고 있었기 때문에, 그 교단에서 탈퇴한 사람들이 주축이 되어서 전통적이고 독립적인 교회를 설립한 것이지요." 그 말을 듣자 스티브는 한숨을 쉬면서 말했다. "그런 식으로 교회를 시작하는 것은 결코 좋은 방법은 아니지요."

"그렇습니다. 결코 최선의 방법은 아니었습니다만 그럼에도 불구하고 그레이스 교회에는 역사가 일어났습니다. 이 교회는 교회 설립 이후 10년 동안에 교인이 450명이 넘는 교회로 성장했습니다. 그러나 이 교회 창립 초기의 목사님은 많은 열매를 거둔 20년의 목회 이후에 당회와 약간의 마찰로 인하여 교회를 사임하고 말았습니다. 그분이 떠난 뒤로 이 교회는 매년 쇠퇴해져서 결국은 현재의 규모인 교인 수 100명 – 120명의 교회로 전락하고 말았습니다. 지금 남아 있는 교인들도 주로 노년층에 속한 신자들입니다. 제 2대의 목사가 4년 간을 시무한 것을 예외로 하면 그 동안 평균 2,3년 만에 한 번씩 목회자가 바뀌어 모두 8명이 이 교회를 거쳐간 셈이 됩니다."

"엄청나군요!' 스티브는 몸을 앞으로 기울이면서 말했다. "그것 참 희망적인 상황은 아니군요!'

밥도 동의하며 말하였다. "그렇습니다. 결코 희망적인 상황은 아니지요. 그러나 저는 하나님께서 저를 이 교회의 목사로 불러주셨다고 믿습니다. 이제 이 교회에서 사력을 다해 보려고 합니다. 그렇게 하지 않으면 이 교인들이 역시 저를 내어쫓을 것입니다!'

두 사람이 껄껄대고 웃은 후에 스티브가 말했다. "밥, 당신도 알다시피 당신의 처지만 유독 그런 것이 아닙니다. 당신만 고군분투하는 것이 아니란 말입니다. 교단을 초월하여 전 북미주에 있는 수없이 많은 목사와 교회들이 당신과 유사한 사정에 처해 있답니다. 우리 나라의 이 지역에서만 해도 대략 70 – 80%의 교회들이 정체 상태에 있거나 감소 추세에 있는 것으로 볼 수 있습니다."

"그건 저에게도 놀라운 소식은 아닙니다. 목회자들이 정기적으로 모이는 비공식 모임에 제가 참석하고 있는데요, 그 중 대부분은 저와 똑같거나 비슷한 처지에서 목회를 하고 있습니다."

밥은 잠깐 말을 멈추고는 그의 커피잔에 새겨진 노스포인트 교회의 표어를 유심히 살펴보는 눈치였다. 그리고는 어휘 선택에 신중을 기하며 다시 말을 이었다. "저는 자주 낙심과 씨름하고 때때로 침체의 늪에서 허덕이곤 합니다만, 저의 가장 큰 걱정은 가정에 대한 것입니다." 밥은 스티브를 힐끗 쳐다본 후 딴 곳을 응시하였다.

"특별히 어려운 것은 저의 아내 질(Jill)에 대한 것입니다. 아내는 이 교회가 우리의 두 아이들에게 미치는 영향에 대하여 늘 걱정하고 있습니다. 아이들이 어렸을 때는 어디엘 갖다 놓아도 행복해 하였습니다. 어느 주일 학교에 다니든 그들의 필요들은 충족되었으니까 말입니다. 그러나 이제는 사춘기로 접어들고 있는데, 질은 그들이 성숙해 나가는 만큼 우리 교회가 그들에게 적절한 프로그램을 제공해 줄 수 있을지에 대하여 의문을 품고 있습니다. 우리 교회에는 나이 드신 분들 가운데 아주 훌륭한 교인들이 많이 있는데 그들은 1950년대에 행했던 것과 같이 우리 교회가 성도들의 삶을 재창조하고 활성화시켜 줄 수 있기를 갈망하고 있습니다. 당시 그들이 경험했던 것과 똑같은 방식의 목회를 마음 속으로 그리고 있는 것입니다. 우리 교회에는 지금 청소년 프로그램이 별로 없습니다. 얼마 안 되는 10대들도 고등학교를 졸업한 뒤로는 목공일을 하기 위해서 교회를 떠나버리는 것 같습니다. 질이 두려워하는 것은 우리 교회가 이렇게 청소년 사역을 활기있게 펼쳐나가지 못하다가는 우리 아이들마저 교회를 떠나 정서적, 영적으로 방황하게 되고 후에는 신앙마저 저버리게 되지 않을까 하는 것입니다. 그건 매우 끔찍한 일입니다.”

“그렇고 말고요.” 스티브는 동의했다. “그러나 당신이 목회 리더십을 제대로 발휘할 수 있다면 자녀들의 필요들을 충족시켜 주는, 새 천년 시대에 걸맞는 교회로 만들어 갈 수 있을 것입니다.”

“저는 정말로 그렇게 될 수 있기를 바랍니다. 스티브 목사님, 저는 목사님이 제가 그런 목회를 할 수 있도록 도와 주실 수 있는 적임자로 여기고 있습니다.”

스티브는 생각에 잠겨 고개를 끄덕이며 일어나 커피포트 옆으로 갔다. 그리고는 두 개의 커피잔에 커피를 가득 채우고 돌아와 앉으면서 말하였다. “내가 어려운 질문을 하나 해야 하겠습니다. 당신은 목회에 대한 당신의 소명을 확신하고 있습니까? 그리고 하나님께서 당신을 사로잡아 단독 목회 목사로서 일익을 담당하게 하셨다고 믿고 있습니까?”

“그거야 당연한 것 아닙니까?” 하고 밥은 응수하였다.

“저는 저의 영적 은사 명세서를 조사해 본 적이 있고 또 자질 평가 프로그램에 참석하기도 했습니다. 그러한 과정의 결과와 함께 저의 지난 경험에 비추어 볼 때, 저는 지금 하나님께서 저를 목사의 직책으로 이끄셨다는 데 추호의 의심도 없습니다.”

“그게 중요한 것이지요.” 스티브가 말하였다. “만일 당신이 다른 결론에 이르렀다면, 우리는 더 이상 만날 필요가 없을 것입니다. 그러나 만일 그렇다고 할지라도 나쁜 것은 아닙니다. 예수 그리스도의 교회에는 전문인 사역자는 물론 경건한 평신도들도 있어야 하기 때문입니다. 좋습니다. 밥, 이제 당신이 당신의 목회에 있어서 장점과 약점이라고 생각하고 있는 부분에 대하여 얘기를 나누도록 합시다.”

“예, 저는 성경을 전하고 가르치기를 좋아합니다. 제가 대학 시절 처음으로 신앙을 갖게 된 이후 저는 줄곧 성경을 연구하고 배우는 데 대한 갈망을 지니고 있었습니다. 저의 성경 지식이 풍성하게 되자, 제가 다니던 대학 교회에서는 수시로 저를 초청하여 성인 주일학교에서 설교해 달라고 하였습니다. 결국 그 교회에서는 성인 주일학교 교사로 봉사해 줄 것을 저에게 요청하였습니다. 저는 논리 정연하게 말을 잘하는 편이었는데, 적어도 사람들이 저에 대하여 그렇게 말하곤 했습니다. 자기 자신의 신앙에 대해 진지하게 고려하며 성경에 대하여 더 많은 것을 알고자 원하여 모인 무리들 앞에 서는 것을 저는 정말로 좋아했습니다. 그러다 보니 이렇게 목회자가 되고 말았습니다!”

밥은 말을 멈추고 스티브의 반응을 기다렸다. 그러나 스티브가 아무런 대꾸도 하지 않자 계속해서 말했다. “저는 제게 가르치는 은사와 설교하는 은사가 있다고 믿습니다. 제가 신학교에 입학한 이유도 이러한 저의 은사들을 개발하고 필요한 자격을 취득하기 위해서였습니다. 신학교는 저에게 성경과 언어들, 신학, 교회사 등을 가르쳐 주는 아주 탁월한 일을 해 주었습니다. 그리고 신학교는 저에게 설교하는 법을 훈련시켜 주었습니다. 저는 그 점에 대하여 언제나 감사를 잊지 않을 것입니다. 제가 받은 훈련의 대부분은 주일 낮 예배에 하는 한 시간 설교 준비에 초점이 맞춰

져 있었습니다. 그런데 지금 와서 느끼는 것은 지도자적 자질이라든지 실제로 제가 목회해 온 교회들에서 직면했던 여러 문제들에 대하여는 신학교가 제게 준비시켜 준 바가 별로 없었다는 점입니다. 신학교는 교회에서 하는 목회란 95%가 설교하고 성경을 가르치는 일이며 나머지 5%가 교인을 돌보는 일이라고 하는 인상을 제게 남겨 주었습니다. 저는 그 때는 그런 가르침을 좋아했지만 막상 제가 목회를 하게 되면서부터는 '집개는 사냥을 할 줄 모른단다!' 라고 할아버지가 하시던 말씀의 의미를 발견하게 되었습니다.

스티브는 입을 크게 벌리고는 마음껏 웃었다. 그리고는 마음을 추스르게 되자 다시금 심각해졌다. "불과 몇 분 전에 당신은 하나님께서 당신을 '사로잡아' 목사가 되게 하셨다는 사실을 추호도 의심하지 않는다고 말하지 않았습니까? 그 말은 당신이 꿈을 가지고 있는 자라는 것을 의미할 수 있습니다."

"그렇습니다." 밥이 대답하였다. "얼마 전에 저는 '카이저식 성격 판별 (Kiersey Temperament Sorter)' 검사를 받아보았는데, 직관력 부분인 N 항목에서 높은 점수가 나왔습니다. 다시 말하면, 저는 꿈꾸는 자의 특성을 가지고 있는 듯하다는 것입니다. 제 관심의 초점은 지금 무엇이 되어 있느냐 하는 것보다 앞으로 무엇이 될 수 있는가 하는 데에 있습니다. 저는 저의 교회가 수년 내에 얼마나 크게 될 수 있는가를 마음 속으로 그려 보면서 큰 꿈을 꾸는 데에 많은 시간을 보냅니다."

"그런데 당신도 알다시피, 꿈이 크고 웅장한 것일수록 당신의 기초는 더욱 더 든든해야만 합니다." 스티브가 말했다.

"그 기초란 바로 지도자로서의 당신의 인격적 성실성입니다. 바로 이점이 우리가 만날 때 함께 토론하고자 하는 가장 중요한 주제들 중의 하나입니다. 밥, 나는 매주 당신을 만나기 위하여 나의 일정표 가운데서 한두 시간을 비워 두도록 하겠습니다. 그렇게 하면 당신에게 도움이 되겠습니까?"

"그럼요! 제가 목사님을 만나게 된 것에 대하여 얼마나 감사를 느끼고 있는지 목사님은 잘 모르실 겁니다. 질문하고 싶은 내용이 산더미처럼 쌓여 있어서, 목사님과 함께 하는 시간이 매우 기다려집니다. 저는 목사님 지도하에 훈련받게 된 것을 하나의 특권으로 여깁니다. 우리 지역 안에 있는 목회자들과 평신도들은 목사님을 하나님께서 그리스도를 위한 영향력을 펴시기 위하여 사용하시는, 은사가 있고 숙달되고 성실한 하나님의 사람으로 보고 있습니다."

스티브는 얼굴이 붉어졌다. "당신이 모든 것들을 다 꿰뚫게 되기까지는 그렇게 오랜 시일이 걸리지 않을 것입니다. 대체로 나는 목회 그 자체를 즐겨 왔습니다. 다윗이 사도행전 13:36에 말한 것처럼 나의 바람은 하나님께서 이 시대에 나를 사용하시사 그분의 목적을 성취하시는 것입니다 (사도행전 13:16-41을 참조하십시오 – 역자주). 일반 세상에서도 전반적인 변화가 일어나고 있지만 특히 교회 안에서는 더 더욱 그렇습니다. 새로운 형태의 교회들이 무대로 등장하고 있는데, 어떤 것이 부각될 것인지는 아무도 모릅니다. 나는 이러한 새로운 유형의 교회들을 대부분 환영하고 있습니다. 그러한 교회들이 우리의 목회에 절실하게 필요한 신선한 공기를 주입해 주고 있는 것을 보고 있습니다. 당신이 당신의 교회에 대하여 말한 바와 같이, 우리 복음주의 교회들 중에서 너무 많은 교회들이 19세기와 20세기 초에 서유럽에서 형성된 전통들에 의하여 지금까지 영향을 받아오고 있습니다. 하지만 동시에, 비록 내가 새로운 목회의 경향에 대하여 관심을 갖고 있으며 또 그 조류를 좇아가려고 시도하고 있기는 하지만, 나는 6개월만 지나면 그와 유사한 다른 목회 유행에 의해서 대치되어 버릴 최신의 목회 유행에 대해서는 별로 흥미가 없습니다. 또한 나는 '어떤 한 가지의 규모나 모형이 모든 것들에게 적용되어야 한다'는 철학에는 결코 동조하지 않습니다. 우리가 여기 노스포인트 교회에서 진행하고 있는 모든 것들이 당신의 교회에게도 최선의 방안이 된다고는 생각지 않습니다. 사실 나는 그와 정반대의 사실을 확신하고 있습니다. 우리 교회가 당신의 교회보다도 훨씬 더 큰 것이 분명하듯이, 우리를 위한 목회와 역동적 리더십도 또한 그레이스 교회를 위한 그것들과는 분명히 다릅니다. 하지만 당신은 우리로부터 배울 것이 있으리라고 나는 확신합니다. 제1세기에 교회가 처음 생겨난 이래로 우리 교회와 다른 수많은 교회들이 근거로 삼아 온 그 근본적이고 본질적인 원리들 중의 몇 가지를 배워서 사용할 수 있을 것이라는 말입니다."

밥은 그 말에 동의하면서 머리를 끄덕였다.

스티브는 계속하여 말을 이었다. "내가 바라는 것은 목회의 역동성을 얼마간 다루고자 하는 것입니다. 그것들에 대하여 나는 늘 생각해 왔으며 내 마음 속에서는 이미 처음 여섯 번의 만남에서 논의할 내용을 정리해 놓았습니다. 그런 후에 우리는 우리가 함께 한 시간과 우리가 논의한 내용들을 재평가할 수 있을 것입니다. 여기 내 계획표가 있습니다."

스티브는 두 사람 사이에 있는 티테이블의 가운데로 계획표가 기록된 노트를 밀어 놓았다. 그 위에는 만날 때마다 논의할 주제들이 적혀 있었다.

첫 번째 시간 : 경건한 인격. 어떻게 경건한 인격을 개발할 것인가?

두 번째 시간 : 리더십

세 번째 시간 : 교회의 일.

네 번째 시간 : 목회자와 교인들의 관계

다섯 번째 시간 : 변화. 변화의 신학이란 무엇인가?

여섯 번째 시간 : 문화. 문화의 신학이란 무엇인가?

그는 '경건한 인격' 이라는 항목을 가리키며 말하였다. "내가 목회하는 데에 있어서 줄곧 가장 큰 도전이 되어 왔던 것은 경건한 인격을 개발하는 문제였습니다. 그런데 잘 믿어지지 않겠지만, 이 일을 하는 데 있어서 가장 큰 장애물은 목회 그 자체였습니다! 우리는 이것에 관하여 얘기를 나눌 필요가 있을 것입니다."

그 다음에 그는 '리더십' 이라는 항목을 가리켰다. "우리는 리더십이 무엇인지에 대하여 논의할 필요가 있을 것입니다. 그리고 목회자들이 지도자로서 어떤 일을 하는지, 자기가 지도자인지 아닌지를 어떻게 알 수 있는지에 관하여 토론할 필요가 있을 것입니다. 우리가 세 번째로 만날 때, 나는 당신의 교회에서 일어나고 있는 문제에 관하여 당신과 함께 고찰해 보고 싶습니다. 나는 당신에게 어려운 질문들을 몇 가지 하려고 계획하고 있습니다."

"어떤 질문 말입니까?" 밥이 물었다.

"이런 것들입니다. 당신의 교회가 교회로서 하고 있는 일이 무엇이며, 그리스도께서는 당신들이 무엇을 하기를 요구하고 계신지, 그리고 일단 주님께서 당신들이 하기를 원하시는 일이 무엇인지를 확신하였다면 어떻게 그 일을 수행할 것인가 하는 것들입니다. 이런 문제들은 모든 교회가 반드시 묻고 대답해야만 하는 목회적 핵심 과제들입니다. 이런 질문 중에는 쉬운 것도 있지만 어떤 것은 분명히 '내장이 뒤틀리는' 것이 될 겁니다."

밥은 눈썹을 치켜올려 뜨면서 놀라움을 표시했으나 스티브의 말을 가로채며 그의 말을 중단시키지는 않았다.

"네 번째 우리의 만남에서는 당신과 당신의 교인들이 어떤 관계를 맺고 있는지를 점검해 보고 싶습니다. 이는 회중과 교회 직원, 그리고 당회원들과 당신의 관계를 말하는 것입니다. 교회 목회의 효용성의 열쇠는 교인들이 쥐고 있습니다. 교회는 그 교회를 구성하고 있는 사람들의 범주를 벗어나지 못합니다. 당신의 교인들은 어떤 사람들이며 그들에 대한 당신의 책임은 무엇입니까? 교인들은 서로 어떤 관계를 맺고 있습니까? 당신은 아까 당신의 교회에 몇몇 문제점들이 존재하고 있는 것처럼 말한 바 있습니다. 그러므로 그 문제를 우선 논의하고 나서 변화를 고찰해 볼 것입니다. 우리는 지금 소란스럽고 혼란한 시기를 지나고 있습니다. 이는 이 나라에서 전에는 결코 경험해 보지 못했던 일입니다. 미래의 목회자들은 변화에 어떻게 대처해야 되는지를 반드시 알아야만 합니다. 교회와 교회의 지도자들은 변화에 대하여 어떻게 반응하여야 합니까? 당신은 변화의 신학을 개발해 놓고 있습니까?"

스티브는 마지막의 항목을 가리켰다. "그 다음으로 우리는 문화에 대하여 얘기할 필요가 있습니다. 대부분의 사람들은 문화는 나쁘다고 믿고 있습니다. 나는 당신이 문화의 신학에 대하여 생각해 보고 또 그것을 발전시켜 나가도록 돕고자 합니다.”

밥은 그 많은 것을 어떻게 다 배울 것인가를 추측해 보고는 당혹감을 느꼈다. 그러나 동시에 그는 자기가 스티브 목사와 같은 유능한 목회 스승을 모시게 된 사실을 감지하고는 감사와 흥분을 느끼기도 하였다. 그는 이러한 자신의 걱정을 스티브에게 피력하였다.

그러자 스티브는 그에게 확신을 주며 말하였다. “당신이 하는 모든 노력들에는 충분한 보상이 따르게 될 것입니다. 하나님께서는 영광을 받으실 것이고 당신의 교인들은 복을 받게 될 것입니다.”

“ 바로 그것을 위하여 저도 기도하고 있습니다, 스티브 모리스 목사님!” 밥이 말하였다.

상담과 실습 훈련을 시행하는 가운데서, 나는 하나님께서 현재의 위치에 두시고자 계획하지 않으셨으나 단독 목회를 하고 있는 목회자들을 여러 명 만나 보았다. 그들이 그 사실을 발견하였을 때 대부분은 매우 안도감을 느끼는 것처럼 보였다. 왜냐하면 그들은 자신의 역할에 대하여 갈등을 느끼고 있었기 때문이다. 나는 전문적인 목회에 종사하고 있는 사람들은 누구나 자기가 지금 하고 있는 일이 자기에게 맞는지를 명료하게 진단해 주는 훌륭한 평가 프로그램에 참여해 볼 것을 제안하는 바이다. 나는 또한 나의 책 〈당신의 효율성을 극대화 하기〉(*Maximizing Your Effectiveness*, Grand Rapids: Bakers, 1995)라는 책을 읽어볼 것을 권하는 바이다. 그 책은 그런 평가 과정에 도움이 될 것이다.

제1장
목회자와 인격

인격이 항상 사역보다 우선되어야 합니다.
하나님께서는 '우리 안에서' 그 분의 일을 하신
연후에 비로소 사람들의 삶 가운데서
'우리를 통하여' 그 분의 일을 성취하십니다.

제1장
목회자와 인격

Pastors and
Their Character

당신이 누구인가를 알라

"저는 지난 주간 내내 오늘의 주제에 대하여 생각해 보았습니다." 밥은 '경건한 인격'이라는 주제를 가지고 스티브 목사를 만나기 위해 자리에 앉으면서 말했다.

"정말입니까? 무엇에 대하여 생각해 보았다는 말입니까?"

"목사님께서는 경건한 인격의 개발은 목회의 가장 큰 도전이 되는 한편 목회 그 자체가 경건한 인격 개발에 오히려 장애가 된다고 말씀하셨지요. 그 말이 무슨 뜻인지 이해해 보려고 애를 썼다는 말입니다."

스티브는 미소를 지으며 성경을 펼쳐들었다. "나는 오늘 그 문제가 당신 앞에서 명료하게 밝혀지기를 원합니다. 때때로 나는 경건한 인격을 영혼의 성화(聖化)와 관련지어서 생각하곤 합니다. 나는 인생에서 우리가 직면하게 되는 가장 큰 도전은 경건한 인격이라고 믿습니다. 그렇기에 바울은 디모데전서 4:7-8과 같은 구절들에서 경건한 인격에 관하여 그토록 많이 강조를 하고 있는 것이라고 나는 생각합니다." 스티브는 다음의 성경 구절을 읽었다.

"망령되고 허탄한 신화를 버리고 오직 경건에 이르기를 연습하라.
육체의 연습은 약간의 유익이 있으나 경건은 범사에 유익하니
금생과 내생에 약속이 있느니라."

스티브는 성경에서 눈을 뗀 후 말하였다. "나의 장인에 대한 얘기를 하고 싶습니다. 그분은 은퇴한 목사님으로서 내가 알고 있는 가장 경건한 분들 중의 한 분이셨습니다. 그런데 얼마 전에 심장마비로 돌아가셨습니다."

"그것 참 안됐군요"라고 밥은 말하였다. "목사님의 가문에 충격이 컸겠습니다."

"예, 그랬습니다." 스티브는 잠깐 말을 멈추고 기지개를 켠 다음에 말을 계속했다.

"그분은 내게 있어서 친아버지와 같은 분이셨습니다. 내가 목회자로 나아갈 수 있도록 나를 격려하기 위하여 내 생애 가운데서 하나님이 사용하신 가장 으뜸 되는 인물이셨습니다. 나는 원래 기업체 내에서 성공을 향해 달려가고 있었는데, 그분께서 끈질기게 나를 권면하시며 내가 가진 은사와 기질이 완벽할 만큼 목회에 적합하다고 말씀해 주셨습니다. 특별히 의사 소통 능력과 지도력에 있어서 그러하다고 지적해 주셨습니다. 그분께서는 나를 정말로 많이 격려해 주셨습니다! 나는 그분 옆에 있기만 해도 기분이 좋아졌습니다. 그분의 인격에 압도되었으며 그분의 지혜와 조언을 거역할 수가 없었습니다. 내게 있어서 그분은 바로 갈라디아서 4:19에서 바울이 말한 바 '우리 안에서 이루어진 그리스도의 형상' 이셨습니다. 그분은 나에게 성령의 열매, 다시 말해 그리스도의 인격을 구현시켜

보여주신 분이셨습니다. 아마 그분이 없었다면 오늘날 내가 목회를 하고 있지 않으리라고 스스로 생각합니다. 나는 그분에 대하여 당신과 얘기를 나누고 싶어졌습니다. 왜냐하면 그분은 오늘 우리 대화의 주제와 관련하여 아주 훌륭한 모범이 되는 분이기 때문입니다."

경건한 인격

"당신도 잘 알겠지만, 오랜 목회 경험을 통해서, 그리고 나의 목회자 친구들과 동역을 하는 가운데서 내가 확신하게 된 것은 인생에서 직면하게 되는 가장 큰 도전은 경건한 인격을 개발하는 것이라는 점입니다. 교인들은 다른 그 무엇보다도 경건한 인격을 지닌 지도자들을 원한다고 나는 확신합니다. 그들은 자신의 지도자를 신뢰할 수 있기를 원합니다. 교인들은 지도자에 대하여 믿음과 신뢰심을 갖기 원합니다. 그들은 지도자들의 말이 진실하다고 확신을 갖기 원하며, 또 자신들이 분기되어 교회가 나아가는 방향에 대해 열정을 갖게 되기를 원합니다. 그러한 리더십의 근간이 바로 경건한 인격입니다.

그런데 이 말이 당신을 당혹스럽게 할 것입니다만, 경건한 인격을 이루는 데 가장 큰 장애가 되는 것은 바로 목회 그 자체라는 사실을 나는 발견하였습니다. 나는 오늘 우리의 얘기를 두 부분으로 나누고 싶습니다. 먼저 목회와 인격 사이에 존재하는 갈등을 살펴보고, 왜 목회가 목회자의 인격 개발에 오히려 장애가 될 수 있는지에 대하여 점검해 보도록 하겠습니다. 다음으로 그 둘 사이에 존재하는 갈등의 해소 방안이라고 내가 생각하고 있는 바에 대하여 우리가 함께 얘기를 나눌 수 있을 것입니다. 그 해결책이란 인격과 목회가 무엇인지 다 이해하고, 또 그 양자가 어떻게 관련되어 있는지를 이해하는 것을 말합니다."

밥은 스티브가 하는 말을 주의 깊게 경청하며 노트에 메모하고 있었다. 그리고 밥은 말하였다. "그 말씀은 어쩌면 제가 목회를 시작한 이래로 줄곧 씨름해 왔던 문제처럼 보입니다. 저는 목회의 성취와 인격의 개발 사이에 균형을 유지하기 위해서 끊임없는 투쟁을 해 왔습니다."

목회와 인격 사이의 갈등

"그렇습니다." 스티브는 동의하였다.

"내가 아는 바로는 여기에 문제가 있습니다. 마태복음 25:14-30, 로마서 12:3-8, 그리고 고린도전서 12장과 같은 성경 구절을 보면 놀라우신 우리의 하나님은 우리 각자에게 어떤 은사와 재능과 능력을 부여해 주셨습니다 – 오직 그분의 은혜에 근거하여 그렇게 하신 것입니다. 그런 다음에 그분은 이 땅 위에서 그분의 왕국을 발전시키며 그분을 섬기는 일을 위하여 우리가 그러한 은사들을 사용하기를 바라고 계십니다. 하나님께서 주신 이러한 재능과 은사들은 우리가 하나님의 왕국을 위해 흥미진진하고도 영원히 의미가 있는 일들을 할 수 있도록 할 것입니다만, 그 중의 어느 것도 그리스도의 교회를 지도하지는 못할 것입니다. 우리의 목회 성취와 더불어 우리가 가지고 있는 은사와 재능들은 우리에게 기회와 유혹을 동시에 제공합니다. 기회를 제공한다는 이 말은 우리가 여기 이 땅 위에 있는 동안 하나님 나라의 영향력을 극대화시킬 수 있다는 말입니다. 다른 한편으로 유혹을 제공한다는 말은, 우리의 은사와 재능이 자라가며 많은 것을 성취하면 할수록 우리의 마음과 영혼은 더욱더 시들게 된다는 애기입니다."

영혼의 어두운 밤

스티브는 몸을 앞으로 굽히면서 말했다. "그런데 지도자들이 효율적으로 쓰임 받기 위해서는 그들의 목회 성공만큼 그들의 인격 개발도 중요하다는 사실을 꼭 깨달아야만 합니다. 문제는 우리 목회자들 중에서 너무나 많은 사람들이 목회를 얼렁뚱땅 얼버무리다가 당황하게 된다는 것입니다. 우리는 우리 자신에 대하여 너무나도 과도하고도 비현실적인 기대를 하고 있으며, 교인들은 우리로부터 너무도 많은 것을 요구하고 있습니다. 하루에 14시간 내지 18시간 일하는 것도 예사인데, 특히 우리가 일을 좋아할 때에는 더욱더 그렇습니다. 결국 우리의 재능과 능력들이 우리 존재의 역량을 초월하는 일을 할 기회를 제공해 준다고 할 수 있습니다."

밥은 수긍하는 의미로 고개를 끄덕였다. 그도 그런 상황에 처했던 때가 있었기 때문이다.

스티브는 계속 말을 이어갔다. "결과적으로 언젠가는 이 모든 것들이 내가 '영혼의 어두운 밤'이라고 일컫는 것으로 귀착되고 마는 것입니다. 우리가 어떤 사람인가 하는 것과 우리가 무엇을 성취하는가 사이의 거리가 점점 멀어지게 되는데, 이런 존재와 행함 간의 불일치는 마침내 우리를 위선과 가식(假飾)으로 이끌어 가게 됩니다."

밥은 노트 필기를 하다가 중단하고 스티브를 바라보면서 "그게 무슨 뜻입니까?" 하고 물었다.

스티브는 이렇게 설명하였다. "우리가 그리스도와 함께 행하는 것과 우리가 그리스도를 위하여 일하는 것 사이에는 커다란 간격이 존재하는 것을 스스로 느끼게 됩니다만, 그럼에도 불구하고 우리는 찬송가 가사처럼 '내 영혼 평안해' 라고 말하면서 가장하게 된다는 말입니다. 우리는 스스로 우리의 진실한 상태라고 생각되는 것을 숨기기 위하여 영적인 가면을 쓰게 됩니다. 우리는 가식이라는 위험 지대에 살게 되는데, 우리의 성공이 크면 클수록 그와 같은 육신적인 지역 안에서 홀로 더 많은 시간을 보내게 됩니다. 우리는 홀로 동떨어져서 우리를 알아볼 수 있을지도 모르는 사람들을 피하게 됩니다. 이런 위선적 행동은 더욱더 내적인 공허감을 심화시키게 되는데, 그런 문제점을 포착하여 처리하지 않으면 그것은 필경 어떤 형태로든 재앙과 불행을 초래하게 될 것입니다."

"저 역시 그런 일이 발생하는 것을 보아왔다고 생각합니다"라고 밥은 말했다.

목회의 희생자들

스티브는 고개를 끄덕였다. "분명히 그랬을 것입니다. 특히 20세기의 최근 20년을 돌이켜본다면 그러한 목회적 위선으로 말미암아 파생된 파멸의 흔적을 찾아볼 수 있을 것입니다. 텔레비전 방송 전도자와 함께 일반 목회자들도 문자 그대로 바지가 흘러내리는데도 (포식으로 비대해진 스타일 – 역자주) 여전히 헌금 접시에 손을 얹어 놓고 있었으며, 그보다 더 욕심에 도취된 상황이 연출되기도 했습니다. 꼭 헌금에 목숨을 거는 것 같이 보이기도 하였습니다."

밥은 스티브의 말에 웃고 싶었지만, 그의 말은 너무도 진지하고 너무도 사실적이었다. 스티브는 테이블 위에 놓여 있던 조간신문을 집어들었

다. "우리는 어떤 유명한 목회자가 정사(情事)에 빠져 목회지를 떠나야만 했던 기사가 신문에 게재된 얘기를 듣거나 읽지 못한 지가 한 달이 채 안 되었습니다. 그 당사자는 말할 것 없고 그의 가족들에게 얼마나 끔찍한 충격이었겠습니까!"

스티브는 신문을 다시 테이블 위에다 내려놓았다. "아마 그 교회의 신성하고도 신령한 전통은 여지없이 파괴되었을 것입니다. 추문의 결과로 교회 안에 있는 사람들은 배신감과 능욕감을 느끼게 되고 많은 사람들은 환멸까지 느끼게 됩니다. 너무도 많은 사람들이 지도자에 대하여 냉소적이 되며, 몇몇 사람들은 교회에 출석하지 않는 기독인의 반열에 가담하기도 합니다. 그들은 '영혼의 어두운 밤'을 통과하다가는 공허한 마음으로 떠나게 됩니다. 기독교인이 아니거나 교회에 다니지 않는 사람들은 이 모든 것을 이용하여 자신들이 교회에 다니지 않고 있음을 합리화시키며 변명합니다. 그들은 기독교 일반에 대하여, 특히 교회에 대하여 냉소적이고 무관심하게 됩니다."

"그건 두려운 일입니다." 밥이 뒤로 기대어 안락 의자의 팔걸이에 팔꿈치를 갖다 괴며 말했다. "저는 그 사람이 바로 제 자신이 될 수 있다는 생각이 듭니다! 당신이 묘사해 주신 것의 어느 정도는 제가 과거부터 느껴 온 내용입니다. 아마도 지금도 느끼고 있는 것일는지 모릅니다. 저는 해야만 할 일을 성취하고자 노력하면서 종종 14일 내지 18일을 투자하곤 합니다. 저는 하나님께서 저에게 주신 은사들과 능력에 대하여 감사하게 생각합니다. 그렇지만 제가 사역을 이행하는 데 투자하는 시간이 제 인격 개발에 투자하는 시간보다 훨씬 더 많은 게 사실입니다. 저는 가식과 '영혼의 어두움 밤'의 그 위험 지역을 향하여 나아가고 있는지도 모릅니다."

인격과 사역 그리고 그것들이
어떻게 관계되는지를 이해하기

스티브도 인정하였다. "내 경험으로 말하건대, 지도자로 있는 우리 모두가 그런 경험을 했을 것이라고 나는 생각합니다. 문제는 '우리가 영적인 가면을 쓰고 있는가?'가 아닙니다. 더 근본적인 문제는 그것보다 한 걸음 나아가 '우리가 그 가면 뒤에서 위선적인 삶을 사는 우리를 발견하게 될 때 어떻게 하느냐?'입니다. 요컨대, 이 문제에 대한 해답이 무엇이겠습니까? 나는 그 해답이 인격과 사역에 대한 적절한 이해이며, 또 그 두 가지가 어떻게 연관되느냐에 대한 적절한 이해라고 믿습니다. 이 일에는 우리가 여섯 가지 극히 중요한 분야를 통과하며 연구하는 것이 포함됩니다."

스티브는 밥에게 다음의 도표가 그려진 종이 한 장을 건넸다.

내 용	인 격	사 역
본 질	존재(나는 누구인가)	행위(내가 하는 일)
구성 요소(도구들)	마음, 영혼, 영	은사들, 재능들, 기술들
하나님의 역할	하나님께서 우리 안에서 행하시는 일 (그분의 은혜의 목표들)	하나님께서 우리를 통하여 행하시는 일 (그분의 은혜를 전달하는 것들)
우리의 역할	그분과 함께 하는 것	그분을 위하여 행하는 것
관 계	첫 번째	두 번째
유 혹	자만한 태도	그분과 함께 하는 것

인격과 사역의 본질

스티브는 본질이라는 단어를 가리켰다. "내가 이미 말하였듯이, 인격의 본질은 존재인 반면 사역의 본질은 행함입니다. 인격에는 내가 누구인가가 포함되는 한편 사역에는 내가 무엇을 행하는가가 포함됩니다. 전자는 내가 될 수 있는 역량을 나타내고 후자는 내가 행할 수 있는 역량을 반영합니다. 하나님은 내가 그분 안에서 어떤 한 종류의 사람이 되기를 원하시며, 내가 그분을 위하여 하늘 나라 일을 하기를 원하십니다."

나의 인격

"그렇다면 하나님은 제가 어떤 종류의 사람이 되기를 원하십니까?" 밥은 자기가 이미 그 대답을 알고 있는 것처럼 느끼면서 물었다.

"그분은 당신과 내가 구세주를 닮기를 원하십니다." 스티브는 대답하였다.

"갈라디아서 4:19을 보십시오. 바울은 '나의 자녀들아 너희 속에 그리스도의 형상이 이루기까지 다시 너희를 위하여 해산하는 수고를 하노니'라고 쓰고 있습니다."

밥은 자기 성경을 꺼내놓고 따라 읽은 후 쳐다보았다. "저는 제가 '그리스도의 형상이 너희 속에서 이루어지는 것' 이 무엇을 의미하는지를 확실히 알지 못한다는 것을 인정해야만 하겠습니다, 스티브 목사님."

"아주 긴 시간 동안 나도 그게 무엇을 의미하는지를 모르고 지냈습니다." 스티브가 말했다. "그러나 나는 하나님께서 나를 위하여 이것을 분명하게 해 주셨다고 생각합니다. 요한복음 14:17에 의하면 예수님은 돌아가시기 전에 장차 성령께서 오셔서 신자 안에 계시게 될 것이라고 약속하셨습니다. 바울은 고린도 전서 6:19에서 예수님께서 죽으신 후 이제 성령께서 그리스도인 가운데 내주하고 계시다고 가르칩니다. 그 다음에 에베소서 5:18에서 바울은 우리에게 성령으로 충만하거나 성령의 지배를 받으라고 명령합니다. 갈라디아서 5:16,18과 25절을 보십시오. 여기서 바울은 신자들에게 성령과 함께 '살고' 그분께 '의하여 이끌리며' 그분과 '보조를 맞추라' 고 명령합니다. 성령 하나님과 갖는 이런 관계의 결과로 그분의 열매, 즉 성령의 열매를 우리 삶 가운데 맺게 된다는 것입니다. 기억하십시오. 바울은 성령의 열매는 사랑과 희락과 화평과 오래 참음과 자비와 양선과 충성과 온유와 절제라고 말합니다. 이 열매는 기독교인 인격의 증거이며, 이 인격은 사람들이 성육하신 그리스도의 삶을 주목하였을 때 보았던 것입니다. 우리는 그분이 성령으로 충만하셨으며 성령에 의하여 이끌림을 받으셨다는 것을 압니다. 이 모든 것의 요점은 그리스도인들이든 아니든 간에 우리의 삶을 살피거나 주목해 볼 때에 그들은 성령의 열매에 의하여 현시되는 그리스도의 바로 그 인격을 보게 된다는 것입니다."

"그런데 이것이 어떻게 사역과 연관이 됩니까?' 밥이 물었다. "하나님께서는 제가 어떻게 하기를 원하십니까?'

나의 사역

스티브가 말하였다. "그 대답은 사역하는 가운데 그분을 섬기는 것입니다. 그분은 마태복음 20:17-28에서 이 문제를 아주 분명하게 밝히셨습니다." 스티브는 자기의 낡아빠진 성경책을 후다닥 넘겼다. "당신은 이 이야기를 알고 있을 것입니다. 두 제자의 어머니가 자기 아들들과 함께 예수님께 조용히 다가와서는 그분의 왕국에서 그들 각자에게 존귀한 직위에 앉게 해 달라고 요청하였습니다. 그 다음에 24절을 보면 다른 제자들은 그들이 요청한 것에 대하여 들었을 때 분노하였다고 했습니다. 이때 구세주께서는 그들을 함께 불러모으신 후에 다음과 같은 내용을 가르치셨습니다." 스티브는 25-27절을 읽었다. "예수께서 제자들을 불러다가 가라사대 이방인의 집권자들이 저희를 임의로 주관하고 그 대인들이 저희에게 권세를 부리는 줄을 너희가 알거니와 너희 중에는 그렇지 아니하니 너희 중에 누구든지 크고자 하는 자는 너희를 섬기는 자가 되고 너희 중에 누구든지 으뜸이 되고자 하는 자는 너희 종이 되어야 하리라."

스티브는 밥을 쳐다보았다. "이것이 당신의 질문에 대한 대답입니다. 우리의 삶과 사역은 '봉사'라는 이 한 단어로 요약되어져야만 합니다. 봉사할 때 우리의 은사들과 재능들이 두드러지게 나타납니다. 하나님께서 우리에게 능력을 주신 것은 우리가 그분과 그분의 백성들을 섬길 수 있도록 하시기 위해서입니다."

밥은 고개를 끄덕이며 노트에다 뭔가를 적었다.

인격과 사역의 구성 요소들

스티브는 계속 말을 이었다. "두 번째로, 우리는 인격과 사역의 구성 요소들을 조사할 필요가 있습니다."

인격의 구성 요소들

"우리 인격의 구성 요소들은 마음과 혼과 영입니다. 이 세 용어들 모두는 어떤 상황에서는 우리 존재의 비물질적인 부분을 언급하기 위하여 사용되기도 합니다. '마음' 즉 심장은 우리의 가슴 속에 있는 기관을 가리키는 데 쓰이지만, 고린도후서 9:7에서는 우리의 의지를 가리키며(마음에 정한 대로), 마태복음 15:19과 (마음에서 나오는 것은) 시편 119:11에서는 '지성'에 대한 동의어로 사용되고 있습니다("내 마음에 두었나이다"). 혼과 영의 개념들은 복잡하여 우리가 구별하기가 어려울 때가 종종 있습니다. 두 가지의 차이점은 기능의 차이일 것입니다. 하지만 그 기능들도 때로는 서로 중복되는 듯합니다. 혼은 하나님을 사랑하며 혼에 대항하는 죄된 소욕들을 거부합니다. 히브리서 13:17에서 필자는 지도자들에게 순종하며 그들의 권위에 복종하라고 우리에게 명령합니다. 그들은 우리를 위하여 경성하기 때문이라는 것입니다. 이 구절에서 '너희'라고 번역된 단어는 문자적으로는 '혼'입니다. 그들은 우리의 혼들을 돌보며 지킵니다. 그리고 로마서 8:16에 의하면 성령은 우리 인간의 영을 통하여 일하는 듯이 보이는 한편, 바울은 고린도후서 7:1에서 우리의 영이 세속에 오염될 수 있다고 경고합니다. 히브리서 4:12을 읽어봅시다."

스티브는 성경의 장들을 넘기며 말하였다. "이 구절은 마음과 혼과 영의 세 가지 개념들을 한 구절 안에서 하나로 묶을 뿐 아니라 성경이 그것들에게 어떻게 영향을 미치는가에 대해 설명합니다. '하나님의 말씀은 살았고 운동력이 있어 좌우에 날선 어떤 검보다도 예리하여 혼과 영과 및 관절과 골수를 찔러 쪼개기까지 하며 또 마음의 생각과 뜻을 감찰하나니.' 세 가지 요소들 모두가 어떤 방식으로든 그리스도인의 인격에 영향을 미치는 듯합니다. 그러므로 우리는 우리의 사역이 영적일 뿐만 아니라 마음과 혼에도 관련될 수밖에 없습니다."

"다른 말로 하면, 그것이 바로 우리가 경건한 인격을 개발하는 길이 되는군요." 밥이 말했다.

　"옳습니다." 스티브가 동의하였다.

사역의 구성 요소들

　"이제 사역의 구성 요소들에 대하여 말해 봅시다." 스티브는 말을 계속했다.

　"그것들은 우리가 앞에서 얘기했던 은사, 재능, 그리고 능력이 아닙니까?" 밥이 끼어들었다.

　"그렇습니다. 당신은 그것에 대한 성경적 근거를 댈 수가 있습니까?" 스티브가 물었다.

　밥은 고개를 끄덕였다. "그건 쉽지요. 예를 들면, 로마서 12장은 고린도전서 12장과 함께 일하며 에베소서 4장은 베드로전서 4장과 함께 영적 은사들의 분야에서 일합니다. 그러므로 이것은 우리 마음과 혼의 일이 우리 은사, 재능, 기술의 개발에 선행된다는 것을 의미합니다!"

　"바로 그것입니다." 스티브가 말했다. "나는 실제로 그것들이 모두 함께 역사하는지 의심스럽습니다만, 우리 마음과 영혼의 일은 우리 능력의 개발보다 강조되어야만 합니다. 우리가 그 순서를 역전시키고자 하는 경향이 있기 때문입니다. 우리의 자연적인 성향은 사역에서 우리의 은사와 재능, 기술의 작용에 너무 몰입하게 되므로 우리는 우리 마음과 영혼을 개발할 필요를 무시하거나 잊어버리게 됩니다."

인격과 사역을 개발함에 있어서 하나님의 역할

　"우리 잠깐 쉽시다." 스티브는 서서 기지개를 켜며 말했다. 그는 책상

서랍에서 딱딱한 사탕 한 봉지를 꺼내어 그 중 몇 개를 밥에게 주었다. 그들이 다시 앉았을 때 스티브는 인격과 사역을 개발시킴에 있어서 하나님의 역할에 대하여 말하기 시작하였다. "우리는 이것을 이해할 필요가 있습니다. 인격은 그분의 은혜의 대상인 '우리 안에서' 하나님께서 행하시는 것과 관련되는 반면에, 사역이란 그분의 은혜의 전달 수단인 '우리를 통하여' 그분께서 행하시는 것과 관련됩니다."

인격 안에서의 하나님의 역할

"은혜의 수혜자들인 우리 안에서 하나님께서 행하시는 일은 무엇입니까?" 스티브는 계속하여 말했다. "성경은 네 가지 내용을 상술하고 있습니다. 첫째로, 하나님은 우리의 삶 안에서 선한 일들을 시작하시고 성취하십니다. 그것이 바로 빌립보서 1:6에 있는 말씀입니다." 스티브는 그 구절을 인용하였다. "'너희 속에 착한 일을 시작하신 이가 그리스도 예수의 날까지 이루실 줄을 우리가 확신하노라.' 이 구절의 배경이 되고 있는 5절을 보면 선한 일 중의 한 가지는 '우리가 복음 안에서 협력하는 것' 인 듯합니다. 또한 하나님께서 우리 안에서 행하신다면 우리는 그분의 선한 목적을 사모하게 되고 또 그것을 성취하게 됩니다." 스티브는 성경을 넘겨 갔다. "빌립보서 2:13에서 바울은 '너희 안에서 행하시는 이는 하나님이시니 자기의 기쁘신 뜻을 위하여 너희로 소원을 두고 행하게 하시나니' 라고 했습니다. 그리고 우리가 갈라디아서 4:19에서 보았듯이 그분은 성령을 사용하셔서 우리 안에서 그리스도의 형상이 이루어지게 만드십니다. 마지막으로 그분은 우리를 내적으로 새롭게 해주시는데 그것은 고난의 때에 우리를 강력하게 만들어 줍니다. 당신은 '그러므로 우리가 낙심하지 아니하노니 겉사람은 후패하나 우리의 속은 날로 새롭도다 우리의 잠시 받는 환난의 경한 것이 지극히 크고 영원한 영광의 중한 것을 우리에게 이루게 함이니.' 라는 고린도후서 4:16 - 17의 말씀을 알고 있을 겁니다."

밥은 계속해서 받아 적으면서 스티브가 그 구절들을 읽을 때 고개를 끄덕였다.

사역 안에서의 하나님의 역할

스티브는 그의 도표에서 다음의 항목을 가리키면서 물었다. "하나님께서는 은혜의 전달 수단인 우리를 통하여 무슨 일을 행하십니까?" 그리고 나서 그는 스스로 그 질문에 대해 대답하였다. "성경은 여러 가지 것들에 대해 언급합니다. 첫째로, 그리스도의 사신들로서 일해야 합니다. 하나님은 우리를 통하여 길 잃은 사람들의 가슴에 호소하시며 그들을 초청하여 그분과 화합하도록 하십니다. 우리는 고린도후서 5:19-20에서 '이는 하나님께서 그리스도 안에 계시사 세상을 자기와 화목하게 하시며 저희의 죄를 저희에게 돌리지 아니하시고 화목하게 하는 말씀을 우리에게 부탁하셨느니라 이러므로 우리가 그리스도를 대신하여 사신이 되어 하나님이 우리로 너희를 권면하시는 것 같이.'"

스티브는 '우리를 통해서' 란 말을 강조하고 나서 읽기를 계속했다. "'그리스도를 대신하여 간구하노니 너희는 하나님과 화목하라.' 는 것입니다. 하나님께서 행하시는 두 번째 일은 살든지 죽든지 우리 몸을 통하여 그리스도를 높이도록 하는 것입니다. 빌립보서 1:20은 이렇게 말합니다. 나의 간절한 기대와 소망을 따라 아무 일에든지 부끄럽지 아니하고 오직 전과 같이 이제도 온전히 담대하여 살든지 죽든지 내 몸에서 그리스도가 존귀히 되게 하려 하나니.' 라고 말합니다."

"예, 그거 참 흥미롭습니다." 밥이 그 구절을 다시 읽으며 말했다.

인격과 사역을 개발함에 있어서 우리의 역할

그 다음에 스티브는 도표의 세 번째 줄을 가리켰다. "우리는 우리의 인격과 사역을 개발함에 있어서 하나님의 역할을 이해할 필요가 있을 뿐만 아니라 우리의 역할도 이해해야만 합니다. 인격 분야에서 하나님께 대한 우리의 의무는 '그분과 함께 하는 것' 인 반면에 사역 분야에서는 '그분을 위하여 행하여야' 합니다."

하나님과 함께하는 것

"그분과 함께 하는 것이라고 말할 때 그것은 정확히 무슨 의미입니까?" 밥이 물었다.

스티브가 대답하였다. "당신의 질문에 대한 대답은 예수님께서 열두 사도들을 지명하신 마가복음 3:13-14에서 찾을 수 있다고 나는 믿습니다. 마가는 이렇게 썼습니다. '또 산에 오르사 자기의 원하는 자들을 부르시니 나아온지라 이에 열둘을 세우셨으니 이는 자기와 함께 있게 하시고 또 보내사 전도도 하며.' 그분께서 열두 명을 지명하신 목적은 그들로 하여금 '그분과 함께 있도록 하기' 위함이었음에 유의하십시오. 구주께서는 자기 혼자서 기도하기 위해서나 제자들과 함께 개인적인 시간을 갖기 위하여 정기적으로 군중들로부터 떠나 한가한 곳으로 가는 습관을 가지고 계셨다는 것에 유의하는 것은 중요합니다. 예를 들면, 마가는 1장

35절에서 우리에게 '새벽 오히려 미명에 예수께서 일어나 나가 한적한 곳으로 가사 거기서 기도하시니라' 고 말합니다. 마가복음 6:46에 따르면 그는 후에 이 말을 반복하고 있습니다. 그리고 마가복음 3:7에서는 또 다른 때에 '예수께서 제자들과 함께 바다로 물러가시니 갈릴리에서 큰 무리가 좇으며' 라고 말합니다. 이번에는 많은 갈릴리 사람들이 뒤따랐습니다. 우리는 마가복음 6:31-32에서도 흡사한 일들이 있음을 볼 수 있습니다. 그러므로 마가복음 3:13에서도 예수님께서는 그분의 미래의 제자들과 함께 산기슭에 분명히 군중들로부터 떨어져 계셨을 것입니다. 좌정하고 계시는 모습을 발견한다고 놀랄 일은 아닙니다."

스티브는 마가복음 3장을 펼쳤습니다. "13절과 14절에 기록된 이 사건은 예수님께서 개인적으로 열두 제자들과 시간을 갖기 시작한 일과 그들을 훈련시켜 내어보내는 일을 나타내는 아주 중요한 사건입니다."

"예수님이 제자들과만 함께 하셨을 때에 무슨 일이 발생하였으리라고 당신은 생각합니까?" 밥이 물었다.

"마가복음의 상황이 우리에게 약간의 정보를 제공할 수 있을 것입니다. 마가복음 4:13-20과 34절에서 그분은 제자들에게 비유들의 의미를 설명하고 계셨습니다. 그분은 또한 오직 그들과만 함께 하는 이런 시간을 사용하셔서 그들의 믿음을 강하게 만드셨습니다. 마가복음 4:35-41에서 풍랑을 잠잠하게 하신 때와 같은 그런 시간들이지요."

밥은 노트와 펜을 책상 위에다 놓으며 말했다. "그러므로 그들이 따로 있을 때 예수님은 그분이 누구신지에 대하여 통찰력을 가질 수 있도록 그들을 도우셨다는 말이지요."

"그렇고 말고요." 스티브가 고개를 끄덕였다. "내가 예수님과 함께 있

는 것에 대하여 말할 때, 조용하고 좋은 시간을 오직 구세주와 함께 보내
는 것이 지도자들에게 대단히 필요하다고 나는 말하고 싶습니다."

"그분의 제자들이 했던 것을 그대로 하라는 말인가요?" 밥이 물었다.

"그렇습니다. 우리는 그분의 말씀을 연구하고 또 단순히 구세주의 가
르침들을 읽고 받아들이는 일을 통해서 그렇게 할 수 있습니다. 특히 복
음서에 기록된 가르침들을 그대로 받아들이는 일을 통해서 말입니다. 그
렇게 하려면, 구세주께서 멈춰 서서서 우리 자신에게 다음과 같은 질문
들을 하심으로써 그분의 말씀을 통하여 우리에게 개인적으로 말씀하시
도록 허용하여야 할 것입니다. 즉, 그분께서는 그분 자신, 나 자신, 그리
고 인생 전반에 대하여 나에게 무엇을 가르치시며 또 말씀하고 계십니
까?'

"그분과 함께 하는 일에는 또한 의미 있고 귀중한 시간을 다른 사람들
과 더불어 보내는 일이 포함됩니다." 스티브는 추가하여 언급하였다.

"당신의 그 말은 무슨 의미입니까?" 밥이 물었다.

"평가는 우리의 영적 성장과 성숙에 극히 중요합니다. 그런데 이 평가
는 아주 종종 자기 평가라는 형태를 취하게 됩니다 – 우리는 아무도 없는
가운데서 우리 자신을 평가하기 때문에, 그것은 종종 주관적으로 치우치
게 됩니다 – 우리는 우리 자신에 대하여 너무 까다롭게 생각하거나 아니
면 너무 안이하게 생각합니다."

"그것 또한 걱정할 필요가 있겠습니다!" 밥은 끼여들었다.

"그렇습니다." 스티브가 동의하였다. "그러나 관계 안에서만 다룰 수
있는 몇몇 사건들이 있습니다. 바로 그런 이유 때문에 우리는 배우자, 팀
동료들, 절친한 친구 등 다른 사람의 통찰력을 구할 필요가 있습니다. 만

일 우리가 우리의 영적 개발에 대하여 객관적인 판단을 얻고자 한다면 말입니다. 다른 사람들은 우리가 종종 보지 못하는 것들을 봅니다. 그러나 효과적인 성장을 위해서는 그런 것들까지 처리할 필요가 있습니다."

"당신은 어떻게 그런 종류의 정보를 얻나요?" 밥이 물었다.

"나는 서너 가지 방법에 대하여 생각할 수 있습니다. 당신의 배우자가 비난하는 것을 받아주는 것도 한 가지 방법입니다. 즉 당신의 아내로 하여금 당신에게 정직한 의견을 제시하도록 허용하는 것입니다. 친구들에게 그렇게 대하는 것도 또 다른 방법일 것입니다. 친한 친구들이 있는 신뢰성 있는 집단 가운데서 매주 만나는 중에 그렇게 할 수 있을 것입니다. 세 번째의 방법은 비난받을 것을 각오하고 당신의 직원들로 하여금 당신을 평가하도록 허용하는 것입니다."

"저의 문제는 사역 활동 때문에 제가 구세주나 다른 사람들과만 함께 하는 시간을 가지지 못하는 것입니다. 저는 그분을 위하여 일하기를 너무 원합니다. 그러나 저는 그분 그리고 그분의 사람들과 함께 하는 시간을 갖지 못하는 경우가 너무도 많습니다." 밥은 결론지었다.

스티브는 미소지었다. "나는 당신이 말한 것을 이해합니다. 그것이 바로 지도자들이 항상 유념해야만 하는 문제입니다. 하나님은 우리가 '그렇게 하기를' 원하십니다. 우리 유의하도록 합시다."

하나님을 위하여 행하는 것

"마가복음 3:14-15에 의하면 제자들은 주님과 시간을 함께 보냈을 뿐만 아니라 그분을 섬기기도 하였습니다." 스티브는 계속 말을 이었다. "이 일에는 설교하고 치유하고 마귀들을 쫓아내는 일과 또 다른 사역들이 포함되었습니다. 이것이 바로 우리의 모범입니다. 우리가 그분과 함께 시간을 보낼 뿐만 아니라 우리는 그분을 섬기기도 해야 합니다. 우리 자신을 위해서 또는 우리 자신의 유익을 위해서 그렇게 합니다만, 실은 그것은 그분을 위하여 하는 것입니다. 고린도후서 5:14 - 15에서 바울은 십자가에서 나타난, 우리를 위한 그리스도의 사랑을 호소하고 있습니다. 이 호소는 우리가 그분만을 위하여 사는 것을 포함하고 있습니다. '그리스도의 사랑이 우리를 강권하시는도다 우리가 생각건대 한 사람이 모든 사람을 대신하여 죽었은즉 모든 사람이 죽은 것이라. 저가 모든 사람을 대신하여 죽으심은 산 자들로 하여금 다시는 저희 자신을 위하여 살지 않고 오직 저희를 대신하여 죽었다가 다시 사신 자를 위하여 살게 하려 함이니라.' 그분의 죽으심이야말로 우리가 봉사해야 할 동기가 됩니다. 빌립보서 1:29에 의하면, 이 일에는 또한 믿음을 위하여 싸우는 한편 그분을 위하여 고난 당하는 것도 포함됩니다. '그리스도를 위하여 너희에게 은혜를 주신 것은 다만 그를 믿을 뿐 아니라 또한 그를 위하여 고난도 받게 하심이라.'"

"스티브 목사님, 당신에게 솔직하게 고백하지만 제가 그분을 위하여 하는 사역의 동기는 순수하기보다는 오히려 혼합적일 때가 더 많습니다." 밥이 시인하였다. "가끔 저는 제가 그분의 목적을 위하여 사역하기보다는 제 자신의 목적을 위하여 사역하고 있으며 그분의 목적 대신에 제 목적을 위하여 사역하고 있다고 생각하게 됩니다."

스티브의 얼굴에 살며시 떠오르는 웃음은 밥이 말하고 있는 것을 그가 알아챘음을 나타내고 있었다. "나는 당신이 말한 것이 사역을 하는 우리 모두에게 있는 사실이라고 확신합니다. 나는 그것은 또한 1세기의 교회에서 그리스도를 섬긴 사람들의 경우에도 마찬가지였을 것이라고 믿습니다. 그렇지 않다면 바울이 그런 말을 할 필요가 없었을 테니까요. 내가 보기엔, 그런 종류의 인식과 고백이야말로 개인적인 순결과 그분을 위한 진정한 사역으로 가는 첫 걸음이 됩니다."

인격과 사역 사이의 관계

"이제 당신은 인격과 사역이 어떤 관계에 있어야 하는지를 나에게 말할 수 있을 것입니다." 스티브는 도표의 다섯 번째 줄을 가리키면서 말하였다.

"인격에 대한 강조가 사역을 행하는 일보다 분명히 선행되어야만 할 것입니다. 인격이 먼저 오고 사역은 그 다음입니다." 밥이 말했다.

"옳습니다." 스티브는 성경에서 사도행전 6장을 찾으며 끄덕였다. "우리는 성경에 이런 내용이 있는 것을 봅니다. 예를 들면, 초대 교회에서 헬라인 유대인과 히브리적 유대인들 사이에 드러났던 문제를 기억합니까? 헬라파 과부들이 매일 구제금을 나눠주는 일에서 소외되고 있었습니다. 사도들이 그 문제를 어떻게 해결하였는지에 유의하십시오. 우리는 그런 책임을 스스로 떠맡으려는 경향이 있습니다만, 사도들은 책임을 떠맡기보다는 그 일을 일곱 사람들에게 맡겼습니다 – 그러나 무턱대고 일곱 사람을 뽑은 것은 아니었습니다. 그 사람들이 몇 가지의 인격적 요구 사항들을 충족시켰음을 사도들이 확신한 연후에야, 일곱 사람들은 그들의 사역을 시작할 수 있었습니다. 그들은 성령과 믿음과 지혜가 충만해야만 했습니다. 이런 자격 조건들은 디모데전서 3:1-13과 디도서 1:6-9에서 장로들과 집사들에 대하여 주어진 조건들과 유사합니다. 이것들은 장로들

(내가 믿기로 이들, 즉 장로들은 1세기 교회의 목회자들이었다. 요즈음 장로교의 장로와는 다르다고 본다)과 그들을 도와 주었을 집사들을 선택하는 기반으로 사용되었습니다. 마가복음 3:13 - 14에서 마가도 구세주께서 열두 제자들을 지명하셨는데 첫째로는 그들이 그분과 함께 있도록 하기 위함이요, 두 번째로는 그들이 그분을 섬기도록 하기 위함이었다고 암시합니다. 이 순서는 아주 중요합니다. 원리는 인격이 항상 사역에 우선하여야 한다는 것입니다.”

“그러므로 바로 그런 이유 때문에 하나님께서는 ‘우리 안에서’ 그분의 일을 하신 연후에 비로소 사람들의 삶 가운데서 ‘우리를 통하여’ 그분의 일을 성취하시는군요.” 밥이 자신의 의견을 개진하였다.

“그렇습니다. 하나님의 은혜의 목적이 된다고 하는 것은 그분의 은혜의 수단이 되는 일보다 앞서는 것입니다.” 스티브가 첨언하였다.

“그리고 그분과 함께 하는 것이 그분을 위하여 행하는 것보다 앞서야 합니다.” 밥은 자기 노트를 들여다보면서 싱긋이 웃었다.

“바로 그것이 마가복음 3:13 - 14에서 말하고 있는 요점임에 틀림없습니다. 그렇죠?” 스티브도 동의하였다.

인격과 사역의 유혹

“이제 우리는 인격을 무시하고 사역에만 집중하고자 하는 유혹의 문제를 취급하겠습니다.” 스티브는 시계를 힐끗 쳐다보며 말하였다. “이런, 시간이 언제 이렇게 지나갔지? 빨리 이 얘기를 끝내야 하겠습니다. 우리의 은사, 재능, 그리고 기술은 우리가 행할 수 있는 능력과 함께 유혹을 가져옵니다. 우리는 인격의 개발은 자연스럽게 이루어질 것이므로 사역의 개발에만 집중해야 한다고 가정하는 유혹에 빠지게 됩니다. 또한 우리 자신의 개인적인 준비에서 뿐 아니라 오늘날 사역자들의 공식적인 훈련 가운데서도 이런 유혹이 있음을 봅니다. 사역을 위하여 사람들을 훈련시키고자 애쓰는 너무도 많은 신학교들과 세미나들이 그 과정 어디에선가 우리가 우리 인격의 개발을 성취할 수 있을 것이라고 상상합니다. 따라서 신학교들과 세미나 지도자들은 아주 중요한 이 분야를 무시하게 되며 그들의 학생들에게 손실을 초래하게 됩니다. 종종 신학교들은 사역을 위하여 지도자들이 필요로 하게 될 기술들과 역량들을 개발하는 데 학생 훈련의 초점을 맞추며 설교와 주해(註解)를 강조합니다. 리더십을 가르치기 위하여 조직된 신학교들이지만 대개는 엄격한 학사 일정에 집착하는 한편 인격 개발이라는 문제는 도외시합니다. 또한 우리의 개인적인 준비에서도 유혹은 다가옵니다. 우리는 우리의 은사와 재능과 기술은 성장시키는 한편 우리의 마음과 영혼은 위축되도록 내버려둡니다."

스티브는 다시 시계를 쳐다보고는 성경을 덮었다. 그리고 "이제 나는 당신을 더 이상 잡아 두어서는 안 되겠습니다." 라고 말했다.

"감사합니다, 스티브 목사님. 이 시간은 참으로 유익하였습니다." 밥은 스티브에게 손을 내밀었다. "저는 이 주에 저의 인격 개발 시간과 저의 사역 성취 시간을 잘 살펴볼 작정입니다. 저는 그것들이 조화를 이루고 있지 못하다는 것을 이미 알고 있습니다. 우리가 다음 주에 만나 목회자와 그의 리더십에 대해 논의하기 이전에 몇몇 필요한 요소들을 수정하고자 합니다. 아마도 목사님은 저의 인격 개발에 대하여 저에게 책임이 있다고 생각하실 것입니다."

"그리고 당신도 내게 대해 그런 말을 할 수 있을 것입니다." 스티브도 넌지시 시사적인 말을 던졌다. 그들은 의견을 같이 하였으며 함께 기도한 후 서로 갈라서서 그들 앞에 놓여 있는 바쁜 하루의 일과를 시작하였다.

스티브는 밥에게 생각할 재료를 많이 주었다. 밥은 자신이 사역을 '행하는' 것에 거의 전적으로 전력투구해 왔다는 것을 깨닫게 되었다. 그는 그레이스 교회에서만큼은 제대로 해 보리라고 크게 다짐하고 있었으며, 자신이 담임 목사로서의 많은 책무들을 힘을 다하여 잘 감당하기만 한다면 성공이 다가올 것이라고 가정하고 있었다. 그는 자신이 설교 연구를 하는 데, 영적 문제들을 가지고 교인들과 상담하는 데, 그리고 성경 연구반을 지도하는 데 투자한 시간들은 하나님께서 그의 영을 개발시키고자 하셨던 방법들이었음을 확신하기 시작하였다. 그는 개인적 경건의 시간이 그의 일상적인 스케줄로부터 감소하였다는 것을 지금까지는 인지하지 못하였다.

밥은 스티브와 가진 모임을 마치고 떠나면서 필요한 변화를 꼭 이행하고 말리라고 결심하였다. 첫 번째의 변화들은 그의 일상적인 스케줄을 개정하고 그의 우선 순위들을 재고하는 것이 되어야 할 것이다. 그는 그의 일상적인 스케줄 속에다 그의 경건의 시간을 써 넣으리라고 결심하였는데, 그 시간에 그는 하나님과만 홀로 있게 될 것이다. 따라서 그 시간은 신성불가침의 시간이 될 것이다. 그는 또한 그에게 영적 책임이 주어져 있다고 생각될 수 있는 다른 이들과 더불어 보다 더 많은 시간을 보내고자 결심하였다. 그의 마음과 영혼의 생명력은 그 일에 달려 있었다.

성령의 열매에 대하여는, 갈라디아서 5:22-23을 보라.
영혼과 영의 개념들에 대한 논의에 대해서는, Charles C. Ryrie의 *Balancing the Christian Life* (Chicago: Moody, 1969), 43을 보라. 또한 마태복음 22:37과 베드로전서 2:1을 보라. 이 구절들은 영혼에 대하여 얘기하고 있다.

제2장
목회자와 리더십

강력한 인격과 분명한 방향성을 겸비한 사람은
사람들에게 가장 강력한 영향력을 행사합니다.
목회자도 마찬가지입니다. 만일 이러한 목회자가 돌아서서
뒤를 본다면 항상 사람들이 줄서서 자신을 따르는 모습을 보게 될 것입니다.

제2장
목회자와 리더십

Pastors and
Their Leadership

당신이 하는 일을 이해하라

밥과 스티브는 교회 주차장에 동시에 주차하고 함께 스티브의 사무실로 걸어 들어가 세 번째 만남을 가졌다. 아침 이른 때였으므로 그들은 그 건물 안에 처음으로 들어온 사람들이었다. 스티브가 커피를 끓이기 시작할 때 그들은 늘 앉던 의자에 앉아서 서로를 쳐다보았다.

스티브는 밥의 우울한 기분을 눈치채고는 물었다. "밥, 무슨 일입니까? 당신은 보통 때처럼 활기차 보이지 않습니다!"

"아, 저는 괜찮습니다, 스티브 목사님." 밥이 한숨을 쉬며 말했다. "단지 제가 약간 낙담하고 있을 뿐입니다. 우리가 지난번에 만난 후에 저는 개인적 경건 생활에 약간의 변화를 주리라고 결심하면서 돌아갔습니다." 밥은 어색한 태도를 지으며 의자를 회전시켰다. "저는 제가 원하는 만큼 성공적으로 처신하지 못했다고 판단하고 있습니다. 이제 우리는 리더십에 대하여 말할 때가 되었습니다." 밥은 스티브를 슬쩍 쳐다본 다음에 다른 곳을 바라보았다. "저는 아직 이런 주제를 논의할 준비가 되어 있다는 확신이 없습니다."

스티브는 웃으면서 고개를 끄덕였다. "나는 당신이 느끼는 감정을 알고 있습니다."

"그렇습니까?" 밥은 자신의 놀라움을 숨기지 못하였다.

"그렇고 말고요. 나 역시 종종 부적절한 사람이라고 느낍니다. 그러나 나는 그것을 인하여 하나님을 찬양합니다. 왜냐하면 만일 내가 우리 교인들의 훌륭한 지도자가 되고자 한다면 하나님을 얼마나 온전하게 의존해야 하는지를 나에게 상기시켜 주기 때문입니다. 나는 다윗에 대하여 묵상하기를 좋아합니다. 하나님께서 그를 여러 모로 고쳐 주시기는 했지만 어쨌든 그는 마침내 위대한 지도자가 되었습니다. 이스라엘의 지도자들은 목회자들과 같았습니다. 그들도 우리처럼 사람들을 목양했습니다. 그것이 바로 시편 78:72, 사무엘하 5:2, 그리고 에스겔 34:4-5에서 말하고 있는 내용입니다." 스티브는 말을 멈추고 밥을 쳐다보면서 밥의 생각을 읽고자 노력하였다.

"이제 리더십이라는 주제를 가지고 얘기해 봅시다. 나는 우리가 만날 때마다 논의하는 주제들이 모든 목회자들의 끊임없는 관심사가 되어 있으며 또 그런 관심사가 되어야 한다는 것을 당신이 깨닫게 되리라고 생각합니다. 우리는 한 분야를 숙지한 후에 다음 분야로 나아가지 않고 그것들 모두를 동시에 다룰 것입니다."

밥은 스티브의 말에 귀를 기울이는 동안 마음을 놓기 시작하였다. 그리고 밥은 스티브가 리더십이라는 주제를 다루자고 제안할 때 고개를 끄덕여 동의하였다.

"어느 시대건 한 교회를 지도한다는 것은 결코 쉬운 일이 아니지만, 1980년대와 1990년대에는 목회 사역이 리더십의 집중적인 기획이 되고 말았습니다." 스티브는 말하기 시작하였다. "그런데 21세기에도 상황이 조금이라도 달라지리라는 조짐은 전혀 없습니다. 나는 이것이 여러 가지 이유 때문이라고 생각합니다. 하나는 목회자와 지도자들인 우리가 광범위하며 혼돈된 변화에 직면해 있기 때문입니다. 이는 아마도 역사상 그 유례가 없던 일일 것입니다. 서구 세계는 현대적 세계관으로부터 후기 현대적 세계관으로 변천하고 있는데 이것이 인생의 거의 모든 분야에 걸쳐서 현저한 변화를 가져왔습니다. 또한 지도자 집단에 연관된 모든 사람을 향한 점증적인 냉소주의가 있습니다. 정치권에서도, 경제계에서도, 교계에서도 그렇습니다. 우리는 그 문제를 지난번에 다루었습니다. 사람들은 우리를 신뢰하지 못하는 경향이 있습니다. 왜냐하면 다른 지도자들이 그들의 신뢰를 배반한 일이 있기 때문입니다. 주류를 이루는 교단들과 많은 복음적 교회들이 정체 상태나 하향 상태에 있다는 사실은 목회 사역에서 강력한 리더십이 필요한 또 다른 이유입니다. 어떤 교회의 쇠퇴는 20세기 후반부에 이르러 서부 유럽과 북미주에서 두드러진 현상입니다. 어떤 교회는 좌석들이 텅 비어 있기도 합니다. 만일 1960년대 이전에 태어난 전형적이고 전통적인 교회가 병원에 입원한다고 가정하면 의사들은 그 교회에 인공 호흡 장치를 끼울 수밖에 없을 것이라고 주장하는 바입니다." 스티브가 익살 섞인 표현을 하였다.

밥은 스티브가 계속해서 말하는 동안 히죽 웃었다. "목회자들이 – 특히 신학교 수련을 마친 보다 더 젊은 목회자들 – 사역에서 만나게 되는 주요한 문제는 목회 패러다임의 변화입니다."

"스티브 목사님, 그 말이 무슨 뜻입니까?" 밥이 난색을 표했다.

"사역에 대한 전형적 목회 모형은 특히 작은 교회들 – 대부분의 교회들이 작은 교회들입니다 – 안에서 나타나는 목회자가 설교도 하고 또 대부분의 목회적 보양(保養)의 일을 감당하는 그런 모형입니다. 신학교 다닐 때 나는 작은 규모의 상당히 오래 되고 다소 시골 냄새가 나는 교회를 담임한 적이 있습니다. 그런데 그 교회는 도시 팽창에 의해 삼키어지고 말았습니다. 그들은 주일 아침과 저녁에 설교를 담당하며 주중에도 성도들을 돌봐 줄 어떤 사람을 원하고 있었습니다. 그 돌봄이란 때때로 결혼식을 주례하고, 많은 장례식을 집전하고, 심방을 자주 해주는 것을 의미했는데, 거기에는 병원에 입원한 사람들을 문병하는 일과 각 가정 심방이 포함되어 있었습니다. 내가 그렇게 하지 않으면 그들은 대단히 상처를 받습니다. 심방은 으레 할머니가 가장 좋아하시는 후식을 레몬즙이나 찬 음료와 함께 시식하는 일이 포함되어 있었습니다."

스티브는 말을 계속하였다. "그러나 나는 신학교 교수들이 그와는 다른 목회 모형을 가르치는 것을 볼 수 있었습니다."

"맞습니다. 저는 당신이 의미하는 바를 알 것 같습니다." 밥은 얼굴을 찌푸리며 말했다.

"대부분의 과목들은 주일 아침의 한 시간을 위해 집중되어 있었습니다. 실습 과목들은 그 시간을 설교하는 시간으로 보았으며 학문적 과목들은 그 시간을 가르치는 시간으로 보았습니다. 후자는 목회자를 학자로 보았으며 주로 강단에서 교사 역할을 하는 사람으로 보았습니다. 이런 학자 – 목회자 모형에 대하여 내가 제기하는 문제는 그것이 이론적이라는 것입니다. 교수들 중에는 교회 목회를 해본 사람들이 거의 없습니다. 주석적 기술, 성경 지식, 신학, 그리고 교회 역사 등을 통해 훈련받는 것은 물론 필요합니다. 문제는 대부분의 신학교 학생들이 리더십(leadership) 훈련을 거의 받고 있지 않다는 것입니다. 때때로 그런 분야에 대한 특강이 열리는 것을 제외하고는 말입니다."

밥은 열심히 고개를 끄덕였다. "그렇습니다! 그것이 바로 신학교에서의 저의 경험이기도 합니다. 저는 그런 특강조차 들을 기회가 없었습니다."

스티브는 웃었다. "나도 그랬습니다! 이제 대형 교회 운동의 출현과 발전은 새로운 리더십 모형의 개발을 크게 고취시키고 있습니다. 그 새로운 모형이란 지도자 – 전달자의 모형입니다. 이 모형이 결국 어떤 모습을 띨 것인지는 불확실합니다. 목회자들은 강력하고 은사가 있는 지도자들이고 또한 숙련된 전달자들이기도 합니다. 몇몇 사람들은 명석한 전략가들이기도 하며, 많은 이들은 – 보다 더 전통적인 유형의 교회를 포기한 사람들 – 교회 개척자들입니다. 그들의 발자취를 좇는 보다 더 젊고 재능이 있는 많은 교회 개척자들이 있는데, 그들은 이런 모형을 수용합니다."

"그렇다면 무엇이 올바른 리더십의 모형입니까?" 밥이 물었다.

"비록 몇몇 사람들이 보다 더 새로운 모형들을 비판하며 그것들은 성경적이 아니라고 주장하는 경향이 있기는 하지만, 나는 성경이 이 분야에 대하여 많은 자유를 주고 있다고 확신합니다. 자유가 있기는 하지만, 어떤 성경적 명령들은 내가 '영구적 리더십 기능들'이라고 칭하는 것을 제공해 주기도 합니다. 오늘 남은 시간에 나는 이런 기능들을 부각시키고자 세 가지 질문을 하고 또 답하고자 합니다. 초대 교회에서는 누가 지도자들이었습니까? 목회자들이 지도자들이 된다는 것은 무엇을 의미합니까? 그리고 목회자들인 지도자들은 어떤 기능을 해야 합니까?"

초대 교회 안에서의 지도자들

스티브는 뒤로 몸을 제치더니 책상에서 성경을 꺼냈다. 그는 말을 하면서 원하는 성경 구절을 찾았다. "첫 번째 질문에 대하여 대답해 봅시다. 초대 교회에서는 누가 지도자들이었나요?"

장로들과 감독들

"신약은 교회의 지도자들에 대하여 두 가지 용어를 우선적으로 사용하고 있습니다. '장로' 들과 '감독' (또는 감독자)들, 이 두 단어 모두 동일한 지도자적 직책을 가리킵니다. 사도행전 20:17에서 바울은 에베소 교회의 지도자들에게 처음으로 강론을 합니다. 바울은 28절에서 그들을 '감독자' 라고 부릅니다. 그는 디도서 1:5와 7절에서도 같은 일을 하고 있습니다. 장로라는 용어는 지위에 대한 명칭인 듯한데, 아마도 그 직위를 가진 사람의 위엄을 묘사하는 말이었을 것입니다. 반면에 '감독자' 는 그 직책의 지도자적 기능을 가리키고 있습니다. 따라서 오늘날의 목회자들은 아마도 초대 교회의 장로 – 감독들에 해당될 것입니다." 밥은 당혹스런 표정을 지었으나 스티브는 서둘러 나아갔다.

목회자들인 장로들과 감독들

"신약 전체, 특히 사도행전은 각 교회에 다수의 장로들이 있었음을 증거합니다. 여기에 이것을 제시해 주는 구절들의 목록이 있습니다." 스티브는 밥에게 카드 하나를 넘겨주었는데, 거기에는 그가 써 놓은 여러 개의 관련 성구들이 있었다.

여러 명의 장로들이 있었다는 증거

행 14:23	행 20:17	행 15:2
빌 1:1	딛 1:5	약 5:14
벧전 5:2		

밥이 목록을 들여다보고 있을 때 스티브가 말했다. "그러나 모든 교회들이 이 말씀에 기초하여 여러 명의 장로들을 반드시 두어야 한다고 주장하는 것은 오류가 될 것입니다. 몇몇 사람들은 1세기 교회들이 오늘날의 대부분 교회들처럼 작았다고 가정합니다. 그러므로 이 장로들 속에는 오늘날의 교회 지도자회에 해당하는 평신도들이 포함되었을 것입니다. 그러나 이것이 반드시 그렇다고는 할 수가 없습니다. 1세기의 교회는 두 가지 차원에서 존재하였기 때문입니다. 그것은 도시 교회와 가정 교회입니다. 사도행전에 나오는 교회들의 대부분은 커다란 도시 교회들입니다. 예를 들면 사도행전 2:41은 예루살렘 교회가 삼천 명의 사람들로부터 시작하였다고 말하며, 사도행전 4:4에서는 사람들의 수가 오천 명 가량으로 늘어났다고 말하고 있습니다. 예루살렘 교회는 아마도 솔로몬 행각이라 불리는 것으로 보도된 넓은 곳에 있는 성전 뜰에서 함께 모였던 도시 교회였을 것입니다. 바울은 그의 편지들 중 몇 개 가운데서 이런 도시 교회들에 대하여 썼습니다.

박해 때문에 그리고 사역의 목적 때문에 각각의 교회들은 여러 개의 가정 교회들을 포함하고 있었습니다. 비록 그들이 별개의 집단으로 모이기는 했지만 그들이 다른 교회들로 간주되지는 않았습니다. 그들은 모두 보다 더 큰 도시 교회의 일부였기 때문입니다. 따라서 각각의 가정 교회들은 오늘날의 전형적인 작은 교회의 규모였을 것이며 오직 한 명의 장로만을 두었을 가능성이 큽니다. 몇몇 장로들은 평신도들이었겠지만, 증거에 따르면 장로들이 교회를 이끌며 급여도 받는 것이 희망 사항이었습니다.”

스티브는 벌떡 일어나 그의 책상 위에 놓인 서류들을 뒤졌다. 마침내 그는 찾던 것을 발견하자 다시 자리에 앉은 후 그것을 밥에게 건네주었다.

예루살렘 교회

행 1:15　수가 일백 이십 명 가량 되는 집단

행 2:41　약 삼천 명이 그들의 수에 더해짐

행 2:47　그들의 수가 날마다 불어나게 됨

행 4:4　　남자들의 수가 불어나 약 오천
　　　　　명이 됨

행 5:14　더욱 더 많은 남자들과 여자들이
　　　　　더하여지게 됨

행 6:1　　제자들의 수가 증가하게 됨

행 6:7　　급속히 증가함

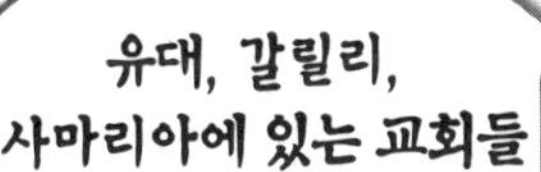

유대, 갈릴리,
사마리아에 있는 교회들

행 9:31 수가 증가함
행 9:35 룻다와 사론에
         살고 있던 사람들이
         모두 주께로 돌아옴
행 9:42 온 욥바 사람들과
         많은 이들이
         주님을 믿음

안디옥에 있는 교회

행 11:21 수다한 사람들이
          주께로 돌아옴
행 11:24 매우 많은 사람들이
          주께로 돌아옴
행 11:26 큰 무리가 주님을 믿음

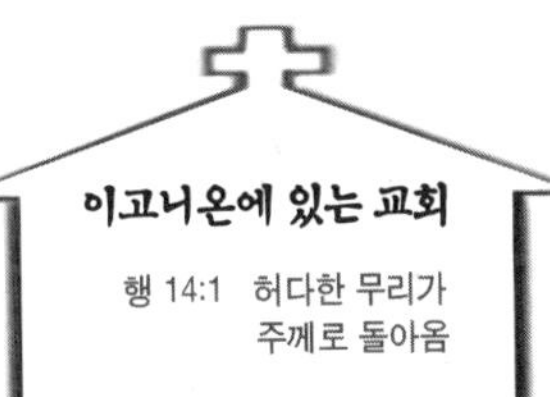

이고니온에 있는 교회

행 14:1 허다한 무리가
         주께로 돌아옴

더베에 있는 교회

행 14:21 많은 수의 제자들이
          있었음

모든 교회들

행 16:5 날마다 그 수가 증가함
(15:36)

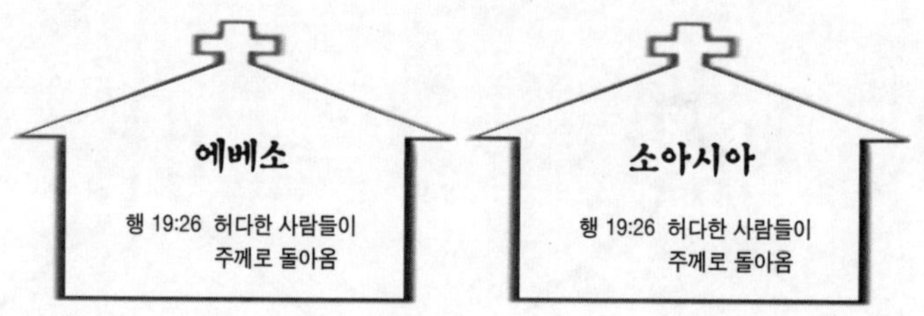

"얼마 전에 내가 인도하였던 한 세미나를 위해서 내가 만든 도표가 여기에 있습니다. 나는 그것이 내 요점을 분명하게 해 줄 것이라고 생각합니다."

"오! 예! 이거 대단한대요." 밥이 소리쳤다. "저는 이런 것에 대해 들어본 적이 없습니다. 이거 참 일리가 있는 듯합니다. 저는 이 구절들을 연구한 후 당신이 말한 내용을 되씹어 보고 싶습니다. 제가 교회에서 유일한 장로인 점에 대하여 훨씬 더 편안한 마음과 확신을 갖게 되었음을 고백합니다. 몇몇 목사 친구들은 유일한 장로가 되는 것이 비성경적이라고 저에게 확고하게 말한 적이 있습니다."

"그들은 그들의 방법대로 그것을 할 자유가 있으며 당신은 당신의 방법대로 당신의 일을 할 자유가 있다는 것이 나의 대답입니다." 스티브가 말을 끊고 끼어들었다. "성경은 어느 특정의 교회에 대해서도 장로들의 수를 규정하고 있지 않습니다."

지도자인 목회자들

스티브가 다음 애기에 대해 준비가 되었기에 밥은 그 도표를 그가 지난주부터 기록하기 시작한 서류철 속에다 끼어 넣었다.

"두 번째 질문은 '목회자들이 지도자가 된다는 것은 무엇을 의미하는가?' 입니다. 지도자에 대한 훌륭한 정의는 자신이 어디로 가고 있는지를 알며, 추종자들을 가지고 있는 '경건한 종' 입니다. 이 정의의 여러 요소들을 살펴보도록 합시다."

"잠깐 기다려 주십시오." 밥이 스티브의 말에 끼어들었다. "저는 이 정의를 기록해 놓고 싶습니다."

지도자란 자신이 어디로 가고 있는지를 알며,
추종자들을 가지고 있는 경건한 종이다.

지도자들은 경건한 종이다

스티브는 밥이 다 쓸 때까지 기다렸다가 계속하였다. "경건한 종이란 말은 지도자의 인격을 의미합니다. 우리가 지난번에 말했듯이, 경건한 인격은 교회의 지도자가 되고자 하는 목회자의 필수적인 구비 사항입니다. 바울은 디모데전서 3:1-7과 디도서 1:6-9에서 이것을 당연한 일로 취급하고 있는데, 거기에서 바울은 장로들의 자격 요건들을 나열하고 있습니다. 자격 요건들의 목록은 단순하고도 일반적인 자격으로 시작됩니다. 디모데전서 3:2에서 그 일반적인 자격은 '책망할 것이 없는 사람' 으로 묘사되고 있습니다. 디도서 1:6에서는 그것이 '비방을 받지 않는 자' 입니다. 광범위한 자격 요건들 다음에는 세부 사항들이 나오는데, 그것들은 보다 더 일반적인 용어들을 더 상세하게 설명해 줍니다. 두 단락 모두에서 바울은 흠없는 지도자들을 찾고 있습니다.

몇몇 사람들은 이런 자격 요건들이 엄격하다고 생각할 수도 있지만 그는 재계에서 존경받는 지도자들과 똑같습니다. 그런 사람들 중의 몇몇 또는 많은 이들은 그리스도인들이 아니지만 말입니다. 나는 대단히 명성 있는 조사 기관인 콘/페리(Korn/Ferry) 국제 회사와 콜롬비아 대학교 경영 대학이 공동으로 시행한 한 조사서를 읽어 보았습니다. 거기에 의하면 응답자들이 그들의 이상적인 수석 간부는 문자 그대로 ‘책망할 것이 없는’ 사람이기를 바라고 있었습니다.”

“그들이 성경에서 사용한 것과 똑같은 단어들을 실제로 사용하였습니까?” 밥이 물었다.

“그렇습니다. 그건 흥미있는 일이 아닙니까? 교회뿐만 아니라 재계에서도 종된 지도자의 가치를 발견하고 있으니 말입니다. 재계에서의 리더십 문제를 다룬 여러 작가들이 최초로 그 지도자들을 종으로 언급하기 시작하였습니다. 그러므로 지도자들의 태도는 경건한 종들의 태도가 되어야만 합니다. 마태복음 20:25 – 28에 의하면 종 – 지도자들은 종이 되어야만 합니다.”

“그렇다면 우리의 모델은 예수님이 될 것입니다.” 밥이 말했다.

“맞습니다.” 스티브가 끄덕였다. “종 – 지도자들은 받는 자라기보다는 주는 자들입니다. 그러나 몇몇 목회자들은 자신들이 종 – 지도자들로서 사역의 모든 일을 해야 한다고 생각합니다만 그것은 그릇된 견해입니다. 그들에 따르면 그들과 회중과의 관계는 능동적 – 수동적인 관계입니다. 그들은 교회에서 사람들을 섬겨야 하며 사람들은 섬김을 받기 위하여 거기에 있습니다. 몇몇 회중들 역시 그것이 맞다고 생각합니다. 그러나 종 – 지도자들은 교회 안에서 다른 사람들 대신에 그들의 사역을 담당해서는 안 됩니다. 종－지도자들이 할 일은 다른 사람들이 그들의 사역 목표들을 달성하는 데 필요한 자원들과 작업 환경을 그들에게 제공하기 위하여 애 쓰는 것입니다. 그들은 다른 사람들로 하여금 그들이 지도자들보다 더 중 요하다고 느끼도록 만들어야 합니다. 그들은 다른 사람들의 최선의 유익 을 염두에 두고 있어야 합니다. 목회자들은 받으려고 해서는 안될 것입니 다. 주려는 자가 되어야 합니다.”

“종－지도자 자격을 규정한 고전적인 단락은 빌립보서 2:3-8입니다. '아무 일에든지 다툼이나 허영으로 하지 말고 오직 겸손한 마음으로 각 각 자기보다 남을 낮게 여기고 각각 자기 일을 돌아볼 뿐더러 또한 각각 다른 사람들의 일을 돌아보아 나의 기쁨을 충만케 하라.' ”

그 다음에 자신의 요점을 드러내기 위하여 스티브는 계속 말하였다. “바울은 그리스도의 모범을 제공해 주고 있습니다. '너희 안에 이 마음을 품으라 곧 그리스도 예수의 마음이니 그는 근본 하나님의 본체시나 하나 님과 동등됨을 취할 것으로 여기지 아니하시고 오히려 자기를 비어 종의 형체를 가져 사람들과 같이 되었고 사람의 모양으로 나타나셨으매 자기 를 낮추시고 죽기까지 복종하셨으니 곧 십자가에 죽으심이라.' 다시 말 하지만, 그리스도가 바로 우리의 모델입니다!'

지도자들은 자신들이 어디로 가고 있는지를 안다.

스티브는 밥이 계속 나아갈 준비가 되었는지를 알아보기 위하여 그를 힐 끔 쳐다보았다. 그는 준비가 되어 있었다. “지도자에 대한 정의의 두 번째 요 소는 그가 자신이 어디로 가고 있는지를 알고 있는 경건한 종이라는 것입니 다.” 스티브가 말했다. “지도자는 자기가 교회를 어디로 인도하고 있는지를 알고 있을 뿐만 아니라 자기 삶의 방향도 알고 있습니다. 개인적인 방향도 있고 집단적인 방향도 있습니다. 개인적인 방향은 인생을 사는 지도자 자신의 사명이며 비전입니다. 집단의 방향은 교회를 위한 지도자의 사명과 비전입니다." 스티브는 생각을 집중하려고 잠시 얘기를 멈추었다. "당신이 알다시피, 교회의 사명은 마태복음 28:19-20에서 발견되는 대사명입니다. 교회는 자신이 가는 방향에 대하여 논쟁할 필요가 없습니다. 그리스도께서 2천년 전에 그 방향을 이미 정해 놓으셨기 때문입니다. 교회의 목적은 '제자들을 만드는 것'입니다. 교회의 비전에는 사역 공동체 안에서 교회의 목적을 성취하고자 하는 지도자의 비전이 포함되어 있습니다. 우리는 지도자와 교회에 대하여 말할 때 이 문제를 다시 고찰할 것입니다."

"좋습니다." 밥이 말했다. "저는 제가 교회의 사명과 비전의 차이점을 이해하고 있는지 확신이 서지 않습니다."

지도자들은 추종자들을 가지고 있다

"그러나 우선은 나의 이 정의를 살피는 일을 끝내도록 합시다." 스티브가 계속 말했다. "자신이 어디로 가는지를 알고 있는 경건한 종 – 지도자는 추종자들을 갖게 될 것입니다. 이것을 한 단어로 요약한다면 '영향력'입니다. 지도자들은 '나를 따르라'고 말하고 난 후 돌이켜 뒤를 돌아볼 때 사람들을 보게 될 것입니다. 당신은 스스로 '나는 지도자입니다'라고 말할 수 있습니다. 그러나 만일 한 사람도 당신을 따르지 않는다면 당신은 지도자가 아닙니다." 밥은 동의하면서 싱긋이 웃었다. "마태복음 4:18-22에서 예수님은 시몬, 안드레, 야보고, 그리고 요한을 부르시며 자신을 따르라고 하셨습니다. 그분께서 돌이켜 뒤를 쳐다보았을 때 그들은 거기서 따라오고 있었으며 평생 그 자리에 있었습니다.”

“그렇습니다.” 밥이 말했다. “그러나 그건 예수님 얘깁니다. 다른 지도자들이 어떻게 영향력을 행사하겠습니까?”

“사실, 나는 지도자에 대한 정의의 처음 두 가지 요소가 그들이 왜 영향력을 가지고 있는지를 설명해 준다고 생각합니다. 첫 번째로, 진실한 경건은 다른 사람들에게 자석과 같은 효과를 발휘합니다. 경건한 인격을 가진 사람은 추종자들을 이끌어들일 것입니다. 사람들은 순결한 지도자들을 찾고 있는데, 그런 사람을 찾게 되면 그들은 신속히 함께 승선하여 항해할 준비를 합니다. 그리고 자신이 어디로 가는지를 알고 있는 사람들은 추종자들을 끌어들일 것입니다. 그러므로 인생에서 자신이 어디로 가고 있는지를 알고 있는 듯이 보이는 사람이 극히 드뭅니다. 목회자들도 마찬가집니다. 어떤 사람이 어느 특정한 방향으로 움직이고자 하는 강력한 결심을 보일 때 그는 추종자들을 끌어들이게 될 것입니다. 이런 두 요소들 – 강력한 인격과 분명한 방향성 – 을 겸비한 사람은 사람들에게 가장 강력한 영향력을 행사합니다. 이런 지도자들이 돌아서서 본다면 항상 사람들이 줄서서 그들을 따르는 모습을 보게 될 것입니다.”

“물론 그와 동시에 기독교 지도자들은 자기들을 가리키는 것이 아니라 그들 자신도 좇고 있는 그리스도를 가리켜야만 할 것입니다. 그리하여 사람들로 하여금 궁극적으로는 구세주를 좇도록 해야 할 것입니다.” 밥이 첨언하였다.

스티브도 동의하였다. “세례 요한이 요한복음 3:30에서 말한 바와 같습니다. ‘그는 흥하여야 하겠고 나는 쇠하여야 하리라.’”

지도자들이 어떻게 목회자로서 기능을 하는가?

스티브는 의자를 뒤로 젖히고 앉아서 머리 위로 두 팔을 뻗치면서 물었다. "앞으로 나아갈 준비가 되었습니까?"

밥은 노트에다 받아 쓰고 있으면서도 고개를 끄덕였다.

스티브는 계속하여 말하였다. "그 다음에 세 번째의 질문은 '지도자들이 어떻게 목회자로서의 기능을 하는가?' 입니다. 성경은 목회자들인 모든 지도자들은 세 가지 기능에 대하여 책임이 있다고 가르칩니다. 이것은 세 개의 영구적인 명령인데 1세기에서나 21세기에서나, 또 전통적인 교회거나 현대적인 교회거나 간에 목회자의 사역을 특징짓는 것들입니다. 내가 '명령' 이라는 단어를 사용하는 것은 성경 구절들이 규범적인 계명들이기 때문입니다. 그리고 지도자들이 행한 것을 묘사할 뿐인 서술적 구절보다는 그런 규범적 성경 구절들이 목회자의 기능을 위하여 보다 더 나은 논거들을 제공하기 때문입니다. 물론 우리는 몇몇 서술적 구절에 대해서도 살펴볼 것입니다."

회중인도 : 지도자들은 회중을 인도한다

"목회자의 첫 번째 영구적 기능은 회중을 인도하는 것입니다. 사도행전 20:28을 봅시다. 바울은 에베소 교회의 장로들에게 영구적인 명령을 전하고 있습니다. 그는 그들에게 '너희는 자기를 위하여 또는 온 양떼를 위하여 삼가라 성령이 저들 가운데 너희로 감독자를 삼으셨느니라' 고 명령합니다. 우리는 앞에서 감독이라는 용어에 대하여 말했습니다. 그것은 장로들의 지도력 기능에 대해 언급하는 것으로 '감독하다' 를 의미합니다. 양떼들을 감찰하거나 감독하는 것은 지도력의 기능입니다."

스티브는 또 성경을 읽었다. "'하나님이 자기 피로 사신 교회를 치게 하셨느니라.' 구약에 나오는 다윗과 다른 사람들은 한 나라나 백성의 목자들이었습니다. 그것은 그들이 백성을 인도하거나 다스려야 한다는 것을 의미합니다. 베드로는 베드로전서 5:2에서 소아시아 교회의 장로들에게 말할 때 그 내용을 증명하듯 다음과 같이 명령합니다. '너희 중에 있는 하나님의 양 무리를 치라.' 그런 다음에 그는 자격 요건들을 첨언합니다. 3절을 보십시오. '맡기운 자들에게 주장하는 자세를 하지 말고 오직 양무리의 본이 되라.' 그는 리더십에 대하여 말하고 있는 것입니다."

"성경이 어떤 지위에 대한 자격 요건들을 제시할 때, 그것 역시 리더십과 같은 기능의 영속화(永續化)를 위한 강력한 주장이 됩니다. 디모데전서 3:4에 나오는 특징들 중의 하나로서 장로 자격을 갖게 하는 사람의 특질은 한 가족에 대한 리더십입니다. 4절에서 사용된 단어는 '관리하다'로 번역되지만, 그것은 지도자들이 하는 일을 나타내는 신약의 여러 개의 용어들 중의 하나입니다. 그러므로 바울은 디모데전서 3:4에서 사용한 것과 동일한 용어를 사용하면서 5절에서 '사람이 자기 집을 다스릴 (지도할) 줄 알지 못하면 어찌 하나님의 교회를 돌아보리요?' 라고 묻는 것입니다."

스티브는 성경의 장을 하나 넘겼다. "그 다음에 디모데전서 5:17에서 바울은 교회는 그 지도자들에게 자급을 주어야 한다고 가르치는 한편 그들의 기능들 중의 하나에 대하여 기술합니다." 그는 읽어 내려갔다. "잘 다스리는 장로들을 배나 존경할 자로 알라."

"그럼 교회의 일들을 다스리는 것이 리더십의 일부입니까?" 밥이 물었다.

"그렇습니다. 그러나 이것은 리더십에 대한 서술적 단락들 중의 하나입니다. 따라서 성경적 명령들처럼 한 기능의 영속성(永續性)을 주장하고 있지는 않습니다."

"옳습니다." 밥이 첨언하였다. "목사님께서는 그것들이 일어난 사건을 단순히 묘사하는 것 뿐이라고 이미 말했습니다."

"그러나 이 경우 유익하다는 것은 그것이 장로들이 1세기 교회에서 어떤 기능을 하였는지를 묘사해 주기 때문입니다."

회중보호 : 지도자들은 회중을 보호한다

스티브는 계속 진행하며 두 번째의 영구적 기능에 대해 언급하였다.

"다음의 영구적인 기능은 회중을 보호하는 것입니다."

"정말입니까?" 밥이 물었다. "저도 그들을 보호해야 합니까?"

스티브는 웃으며 밥의 얼굴을 살폈다. 그는 밥이 농담을 하고 있는지 알 수가 없었다. "사도행전 20:29-31을 보십시오. 거기서 바울은 장로들에게 그들이 야만적인 이리들을 만나게 될 것이라고 경고합니다. 진리를 왜곡함으로 제자들을 끌고 가버리고자 하는 사람들 말입니다. 그 다음에 그는 명령합니다. '그러므로 너희가 일깨어 내가 삼 년이나 밤낮 쉬지 않고 눈물로 각 사람을 훈계하던 것을 기억하라.' 그리스도인들은 거짓된 교훈에 귀를 기울여서는 안 된다고 성경이 얼마나 유의하며 경고하는지 흥미있는 일입니다. 사실 모든 서신들은 하나님의 진리를 왜곡시키는 거짓 교사들에 대해 경고합니다. 그리고 감독자들인 장로들은 이런 일이 발생하지 않도록 돌볼 책임이 있었습니다. 왜냐하면 그들은 교회 내의 일반적인 그리스도인보다 진리에 대하여 더 나은 지식을 갖추게 될 것이고 또 그래야 하기 때문이었습니다."

"예! 그렇습니다. 저는 그 내용을 이해할 수 있습니다." 밥이 말했다.

"확실히 장로들은 사람들을 거짓된 교훈으로부터 보호해야 합니다."

"그렇습니다. 그러므로 양들을 보호한다는 것은 또한 장로와 지도자가 되는 자격 요건들 중의 하나입니다. 바울은 디도서 1:9에서 장로들은 진리를 굳게 지켜야 한다고 말하고 있는데, 그 이유들 중의 하나가 그들은 '그것에 반대하는 사람들을 논박할 수' 있기 때문입니다."

"이는 말씀을 진실로 연구해야 하는 또 다른 좋은 이유일 것입니다." 밥이 첨언하였다.

"그렇습니다." 스티브도 동의하였다. "우리는 장로들이 바로 이 일에 참여하는 한 예를 사도행전 15장에서 발견합니다. 예루살렘 교회는 복음을 분명하게 정의하기 위하여 모였습니다. 사람이 구원을 받으려면 문화적 유대인이 되어야 하는지 아닌지를 결정하기 위하여 장로들과 사도들이 모였었다는 것을 기억하십시오."

밥은 고개를 끄덕였다. "그렇습니다. 그것은 이방인들은 할례를 받아야만 구원을 얻을 수 있다는 가르침이 발생하였을 때의 일이었습니다."

"맞습니다. 베드로와 바울과 바나바는 그것이 구원에 필수적이지 않다고 주장하였으며 야고보는 성경을 인용하였습니다. 결국 그들은 논쟁에서 이겼습니다."

회중 교육 : 어떤 지도자들은 회중을 가르치기도 한다

"세 번째의 영구적인 기능은 회중을 가르치는 것입니다. 디모데전서

4:11과 디모데후서 4:2에서 말씀을 가르치라고 디모데에게 한 명령 이외에는 성경이 장로들에게 성경을 가르치라고 명한 곳이 없습니다. 몇몇 단락들 안에서 그것이 암시된 일은 있지만 말입니다. 예를 들면, 바울은 사도행전 20:28에서 그가 에베소 장로들에게 양들을 돌보며 '하나님의 교회를 목양하라' 고 명령할 때 이것을 암시하였을 것입니다. 하여튼 바울은 디모데전서 3:2에서 장로가 될 자격 요건들 중의 하나는 그들이 '가르칠 능력이 있는' 것이라고 암시합니다. 여기서의 개념은 그들이 '가르치는 데 능숙하다' 는 것입니다."

"나는 성경이 모든 장로들에게 양들을 가르치라 – 가르칠 수 있는 능력만을 갖추라 – 고 명령하지 않는 이유는 모든 장로들이 선생의 기능을 하지 않고 있었기 때문이라고 믿습니다. 디모데전서 5:17은 장로들은 모두 지도자들이었지만 몇몇 사람들만이 설교하고 가르쳤음을 암시합니다. 밥, 당신은 그 구절을 읽고 싶지 않습니까?"

밥은 그 구절을 찾아서 읽었다. " '잘 다스리는 장로들을 배나 존경할 자로 알되 말씀과 가르침에 수고하는 이들을 더할 것이니라.' 양들을 지도하고 양들을 보호하는 것이 몇몇 장로들에게만 적용되는 것이라고 목사님은 말하는 것입니까?" 밥이 물었다.

"바로 그것입니다." 스티브는 고개를 끄덕였다. "초대 교회에서는 가르치는 은사가 있는 장로들만이 가르쳤을 가능성이 농후합니다. 물론 성경이 그것을 명시적으로 언급하고 있지는 않지만 말입니다."

지도자들은 다른 기능들도 가지고 있다

"그러므로 장로들의 책임은 지도하고 보호하고 가르치는 것이란 말이

지요.” 밥이 요약하였다.

“그렇습니다. 그러나 성경은 장로들이 다른 일들도 하였다고 암시합니다.”

“저는 그것에 대해 확신이 서지 않습니다!” 밥이 대답하며 웃었다.

스티브 목사도 웃으면서 말을 계속하였다. “예를 들면 야고보는 5:14에서 바벨론과 메소포타미아에 있는 유대인 그리스도인들에게 아플 때는 교회의 장로들을 불러 그들을 위하여 기도하도록 청하라고 명령합니다. 이것이 암시하는 바는 그러면 장로들은 그에 따를 것이라는 것입니다. 데살로니가전서 5:12에 의하면 지도자들은 백성을 권고 했습니다. 만일 이들이 장로들이라면 그 때 그것은 장로들의 또 다른 의무였던 것입니다. 나는 장로들이 다른 식으로도 봉사하였을 것이라고 확신합니다. 성경은 장로의 의무에 대하여 언급할 때 목자의 이미지들을 반복적으로 사용하고 있습니다. 목자는 많은 의무를 가지고 있습니다. 양들을 인도하고, 보호하고, 물을 주고, 먹이를 주고, 이름을 부르고, 양들을 알아 보는 의무입니다. 그러므로 장로들이 다른 사역들에도 관련되었을 가능성이 있으나, 이 다른 사역들은 명령이나 필수적인 것은 아니었습니다. 하지만 인도하고 보호하고 가르치는 것 – 몇몇 사람들에게 있어서는 – 은 우선적이고 영구적인 기능들이었습니다.”

“밥, 이제 그만 합시다. 한 번 쭉 훑어보세요. 우리는 이 주제에 대하여 아주 많은 시간을 더 소비할 수 있겠으나, 우리는 앞으로 나아가는 일이 필요합니다.”

“스티브 목사님, 잘 되었습니다. 이것들이 매우 도움이 되었습니다. 저는 이 성경 구절들을 다시 읽으면서 시간을 좀 보내고자 합니다.” 밥이

스티브가 언급한 구절들에 대해 자신이 만든 다음의 도표를 가리키면서
말했다.

영구적인 목회적 기능들

내　용	지도하기	보호하기	가르치기
명령들	행 20:28, 히 13:7,17	벧전 5:2	행 20:29-31
지도자들의 특성들	딤전 3:4-5	딛 1:9	딤전 3:2
서술적인 내용	딤전 5:17, 살전 5:12	행 15:2,4,6,22,23	딤전 5:17

밥은 스티브가 가르쳐 준 것으로 또 한 번 도전을 받았다.

"저는 저의 가르치는 능력에 대하여 아주 좋게 느끼고 있습니다. 그러
나 제가 지도자가 되기 위해서는 많은 것을 배워야 한다는 것을 압니다."
그는 고백하였다.

"하지만 당신은 스스로 꿈이 있는 사람이라고 말했지요." 라고 스티브
가 대꾸하였다. 밥은 고개를 끄덕였다.

"그리고 당신은 경건한 사람입니다. 내가 관찰한 바로는 당신에게는
종의 태도도 있습니다. 그러므로 당신은 지도자에 대한 정의 중 2/3는 이
미 성취한 것입니다." 그는 더 이상의 말을 아끼면서 밥을 보고 웃었다.
그 다음에 그는 물었다. "당신은 최근에 지나온 길을 되돌아본 적이 있습
니까?"

“무슨 말씀이십니까?” 밥이 혼란스런 표정을 지으며 질문하였다. 그는 의자에 앉은 채 거의 한 바퀴를 돈 후 스티브의 말뜻을 이해하였다. “예, 그렇습니다.” 그는 웃으며 대답했다. “아시다시피, 실제로 그레이스의 교인들은 저를 열심히 따라오고자 하는 듯합니다. 그들은 제가 그들에게 무엇을 해야 하는지를 말해 주기를 기다리고 있는 듯합니다!” 밥은 커피가 있겠거니 하고 빈 잔을 기울이다가 스스로 자기 자신에 대하여 말하고 있다는 사실을 발견하고는 당혹스러워 하였다.

“당신은 세 가지 부분을 모두 성취하고 있습니다. 밥! 당신은 지도자입니다!” 스티브가 선언하였다. “나는 우리가 함께 했던 시간들로 인하여 당신이 이 지도자적 의무들에 대하여 보다 더 편안하게 느꼈으리라고 생각합니다.”

“저도 그러리라고 확신합니다, 스티브 목사님. 저는 이미 제가 나아가야 할 방향을 알기 시작한 것 같은 느낌입니다.”

“좋습니다!” 그들이 문 쪽으로 걸어갈 때 스티브가 밥의 어깨를 가볍게 두드렸다.

Robert L. Saucy는 '장로'라는 용어가 초대 교회에서 지도력을 가진 지위를 적시하는 데 사용되었다고 의견을 개진하였다. 그의 책 *The Church in God's Program* (Chicago: Moody, 1972), p.142을 보라.

초대 교회의 도시 교회들과 가정 교회들에 대해서는, Rex Koivisto, *One Lord, One Faith*, (Wheaton: Victor, 1993), pp.27-28을 보라.

성전 뜰에서 모였던 예루살렘 교회에 관해서는, 사도행전 2:46; 5:21, 42을 보라.

초대 교회의 가정 교회들에 관해서는, 사도행전 12:12; 로마서 16:3-5; 고린도전서 16:19; 골로새서 4:15; 그리고 빌레몬서 1:2을 보라.

콘/페리 국제 회사와 콜롬비아 대학교 경영 대학이 공동으로 시행한 조사에 대한 논의를 위해서는, James M. Kouzes and Barry Z. Posner, *Credibility* (San Francisco: Jossey-Bass, 1993), p.15을 보라.

이스라엘의 목자였던 다윗과 다른 사람들에 대해서는, 사무엘하 5:2; 시편 78:72; 그리고 에스겔 34:1-10을 보라.

지도자들이 교회에서 해야 할 일에 대한 정보를 얻기 위해서는, 디모데전서 5:17과 데살로니가전서 5:12을 보라.

디모데전서 3:2에 나오는 '가르치기를 잘 하며'라는 어구의 의미에 대해서, 나는 Walter Bauer, *A Greek-English Lexicon of the New Testament and Other Early Christian Literature*, by William F. Arndt and Wilbur Gingrich (Chicago: University of Chicago Press, 1957), s.v. "didaktikos," p.190을 참고하였다.

제3장
목회자와 교회

Pastors and
Their Churches

그 분은 모든 교회가 제자들을 배출하기를 원하십니다.
그러므로 우리는 우리 자신에게 "지금 우리 교회는 무엇을 하고 있는가?
우리가 지금 하고 있는 것이 당연히 해야 할 일인가?" 라고 물어봐야 합니다.

제3장
목회자와 교회

Pastors and
Their Churches

핵심적인 목회 질문 사항에 답하라

"나는 보통 일주일에 한 번씩은 여기에 옵니다." 스티브와 밥이 간이 음식점의 조용한 구석의 좌석에 앉을 때 스티브가 말했다. 스티브는 보통 때 하던 대로 블랙 커피 한 잔을 시켰으며 밥은 팬케익 조식(朝食)을 주문하였다. "나의 직무가 멋진 것이기는 하지만, 나는 때때로 환경적 변화를 필요로 한다고 생각하게 됩니다. 종종 나는 주말쯤 여기에 와 앉아서 사람들을 쳐다보며 기도를 드리곤 합니다."

"글쎄요, 저는 사람들을 쳐다보는 것에 대해서는 생각해 본 적이 없습니다"라고 밥이 팬케익에 꿀을 바르면서 말하였다.

스티브는 말했다. "당신은 굉장한 것을 배울 수 있을 것입니다. 나는 목사들이 사람들로부터 떨어져 있게 되는 것에 관하여 유의할 필요가 있다고 생각합니다. 교회 안에 있는 사람들이 아니라 교회 밖에 있는 사람들을 말합니다. 그들을 비교인들이라 부르는 사람들도 있는데, 그들 대부분은 그리스도를 알지 못합니다. 우리는 그들과 그들의 욕망들을, 그리고 필요들을 이해할 필요가 있습니다. 나는 그들을 위하여 기도를 드리며 기회가 닿으면 그들에게 질문도 합니다.”

“어떤 질문을요?”

“이런 질문들이지요. ‘당신이 누구입니까? 당신이 상처받은 것은 무엇입니까? 당신의 목표는 무엇입니까? 그리고 가장 중요한 것으로, ‘우리 교회가 당신에게 접근하려면 어떻게 할까요? 등등입니다.”

밥은 응수하였다. “목사님은 전도의 은사를 가지고 있는 것 같습니다.”

“아닙니다. 하지만 나는 대부분의 목사들이 비록 전도의 은사를 가지고 있지 못하다 할지라도 교회 사역의 우선 순위 첫 번째에 전도를 놓아야 한다고 확신합니다. 나는 길 잃은 사람들에게 다가가지 않는 교회는 그리스도의 지상 최대의 명령을 크게 어기고 있으며 그 사역에 대한 하나님의 마음을 크게 아프게 하고 있다고 믿습니다.”

“만일 그의 말이 옳다면, 저는 그런 교회를 목회하고 있다고 하겠습니다. 저는 목사님의 말이 옳다고 생각합니다.” 밥은 조심스럽게 반추(反芻)하였다.

스티브가 말했다. “그 말을 들으니 이 주에 합당한 우리의 주제로 이어지게 되었습니다. 우리는 지금 목회자와 그들의 교회에 대하여 집중적으로 논의하고자 합니다. 당신이 이미 나에게 해 준 말로 미루어 볼 때 당신은 내가 ‘안개 요소’라 부르는 것을 이미 경험했다는 것을 나는 감지할 수 있습니다.”

“그게 뭡니까?” 밥이 물었다.

“예, 당신은 사명과 전략을 개발하고자 노력해 왔으나 그것에 만족하지 못한다고 말하였습니다. 뭔가 잘 되지 않는 것이 있지만, 당신은 그게

뭔지를 모릅니다. 그것은 확연히 드러나지를 않습니다. 마치 안개가 당신의 생각 위에 서려 있는 것처럼 말입니다."

밥은 고개를 끄덕였다. "맞습니다. 바로 그것입니다."

"나는 당신의 사명과 전략을 살펴보았는데, 당신이 한 일에 대하여 좋게 생각합니다. 그러나 몇몇 근본적인 개념들이 결여되어 있다고 믿습니다. 나의 목표는 모든 목회자들이 사역을 하는 동안 통과해야만 하는 핵심 개념들 중의 몇 가지를 당신이 깊이 생각해 보도록 돕는 것입니다. 이런 핵심 개념들의 결여는 교회가 하고 있는 일에 대하여 몽롱한 감각을 갖게 합니다. 나 역시 안개 요소를 경험하였기 때문에 당신이 느끼고 있는 바를 잘 압니다."

스티브는 계속 말하였다. "지금 우리는 모든 교회가 자기 자신에 대하여, 그리고 하나님을 위한 교회의 사역에 대하여 물어야만 하는 몇 가지 근본적인 질문들을 하고자 합니다. 이런 질문들은 대부분의 교회 지도자들이 처음 교회를 개척하였을 때 의식적으로나 무의식적으로 물었던 그런 질문들입니다. 그러나 시간이 흐름에 따라 그 대답은 온갖 바쁜 사역 속에서 잊혀지고 말았습니다. 이런 질문들은 핵심 가치들, 사명, 목적, 비전, 그리고 전략과 같은 아주 중요한 사역적 개념들에 대한 것입니다. 이런 개념들에 관한 몇 가지 질문들이 있는데, 이것들은 반드시 짚고 넘어가야 합니다. 우리는 이제 이런 질문들을 다루고자 합니다."

가치들에 대한 질문

스티브는 밥의 얼굴 표정을 보고서 자신이 명백한 필요에 대해서 언급하고 있다는 것을 알 수 있었다. 그건 밥도 얼마 동안 안에서 깊이 느껴 오던 필요였다. 밥은 팬케익을 다 먹은 후 그릇을 옆으로 밀어내고는 가방에서 메모장을 꺼냈다. 스티브는 계속 말을 이었다. "첫 번째 질문은 가치들에 대한 질문입니다. 우리는 왜 지금 우리가 하고 있는 일을 합니까?"

가치들의 중요성

"모든 사역은 어떤 항구적인 핵심 가치들을 가지고 있는데 그것들이 바로 사역을 정의합니다. 그것들이 중요한 것은 조직이 하는 모든 일의 핵심을 이루고 있기 때문입니다."

"그게 무슨 의미입니까?" 밥이 어리둥절한 표정으로 물었다.

"몇 가지 의미가 있지요. 당신의 가치들은 당신 교회의 독특성과 대단한 관련이 있습니다. 바로 그것이 당신의 교회를 저 아래에 있는 교회들과 구분시키는 것입니다. 교회의 독특성은 몇몇 사람들을 이끌어들이기도 하나 몇몇 다른 사람들은 그렇게 하지 못하기도 합니다. 또한 그 사역의 핵심 가치들은 사람들의 직접적인 관심을 결정짓기도 합니다. 만일 자신들의 핵심 가치들이 교회의 그것들과 공조를 이룬다면, 그들은 보다 더 적극적으로 참여하게 될 것이며, 자신의 인생을 그 사역에다 투자할 것입니다. 그리고 핵심 가치들은 교회의 근본적 사항, 즉 '이 곳에서 중요하게 여기는 것' 을 나타낼 것입니다. 그것들은 하나님께서 그 사역에서 바라시는 것이라고 교회가 믿고 있는 것을 표현할 것입니다. 이런 가치들은 그 가치들을 공유하는 사람들에 대하여 숨은 동기들이 될 것이며, 그들을 분리시켜 적극적인 사역을 하게 만들 것입니다. 그리고 핵심 가치들은 어떤 사역의 평가에 대하여 기반을 제공합니다. 나는 근처에 있는 어떤 교회의 당회와 함께 일을 한 적이 있는데, 우리는 그들이 그들 교회의 실제적인 가치들을 발견하도록 돕는 활동을 하고 있었습니다. 그들은 당혹스러워 하였습니다. 그들의 실제적인 가치들은 그들이 당연히 되어야 할 것이 아니었기 때문입니다. 그들은 자신들이 바른 가치들을 개발하기 위해서는 장차 많은 일들을 해야 한다는 것을 깨달았습니다.

가치들의 또 다른 국면은 그들이 교회의 전반적인 행위에 미치는 영향력입니다. 예를 들면, 그것들은 교회에서 이루어지는 모든 결정들의 동인(動因)을 제공하며 모든 재정의 사용처를 규정짓게 됩니다.”

“아아 그 것은 참으로 저의 관심 분야입니다.” 밥이 소리쳤다. “우리는 많은 결정들을 내리며 돈을 펑펑 쓰고 있습니다. 그러나 나는 우리가 왜 그런 결정들을 내리며 돈을 소비하는지를 확신할 수가 없습니다. 목사님은 가치들이 중요하다고 말하고 있습니다. 그것들은 우리가 무엇 때문에 지금 우리가 하고 있는 일을 하는지를 결정하는 주요 요소가 됩니다.”

“잘 보았습니다.” 스티브가 말했다. “여기에 제가 받아 적은 것이 있습니다, 스티브 목사님.” 그리고 밥은 다음의 내용을 읽었다.

“잘 되었습니다.” 밥이 다 읽고나자 스티브가 말했다.

핵심 가치들의 중요성

1. 가치들은 사역의 특성들을 결정한다.
2. 가치들은 개인적인 참여를 독려한다.
3. 가치들은 중요한 것이 무엇인지를 말해 준다.
4. 가치들은 사람들을 분기시켜 행동하게 한다.
5. 가치들은 사역 평가를 돕는다.
6. 가치들은 전반적인 행위에 영향을 미친다.

"좋습니다. 이제 핵심 가치들이 무엇이라고 생각하시는지를 목사님이 저에게 정확히 설명해 주십시오."

핵심 가치들에 대한 정의

"핵심 가치들이란 변함 없고 열정적이며 성경적인 핵심 신조들로 사역을 추진시키는 것들입니다. 우리가 이 정의를 세분하여 각 부분들을 살피고 그것을 다시 조합한다면, 그것의 의미가 보다 더 분명해지리라고 나는 생각합니다."

"스티브 목사님, 다시 한번 말씀해 주십시오." 스티브가 그 정의를 반복하자 밥은 그것을 받아 적었다.

> 핵심 가치들은 변함 없고 열정적이며
> 성경적인 핵심 신조들로 사역을 추진시키는 것들이다.

변함이 없다

스티브가 이 정의를 설명하기 시작하였다. "첫째로, 가치들은 변함이 없습니다. 우리 주위의 상황은 변한다 할지라도 당신 사역의 가치들은 감지할 수 있을 정도로 변하지는 않을 것입니다. 만일 그것들이 심하게 변한다면 그 결과는 교회 내에서 혼돈이 될 것입니다. 누가는 사도행전 2:42-47에다 예루살렘 교회의 핵심 가치들을 기록해 놓았습니다." 그들은 그 성구를 함께 찾아보았다. 그런 다음에 스티브는 계속해서 말하였다.

"예루살렘 교회의 핵심 가치들은 해석적인 가르침, 교제, 기도, 성경적인 공동체, 찬양과 경배, 그리고 복음 전도입니다. 이런 것들은 그 교회의 가장 근본이 되는 것들이었으며 교회가 존재하는 이유였습니다. 그것들은 교회가 변화무쌍한 바다를 항해하는 일을 돕습니다. 1세기에는 주변의 바다가 온통 소용돌이치고 있었습니다. 만일 갑자기 그것들 중의 하나를, 복음 전도와 같은 것을 변화시키겠다고 결정하였다면, 그 결과는 교인들을 혼돈에 빠지게 하고 당혹케 하고 화나게 만드는 것이 되었을 것입니다, '오늘은 길 잃은 사람들에게 전도하라고 하다가 다음 날에는 그 일이 더 이상 중요하지 않다고 하니, 그것은 일관성이 없는 정책입니다!' 라고 소리칠 것입니다."

밥은 웃으면서 고개를 끄덕였다. 그는 이해할 수 있었다.

열정적이다

"둘째는, 핵심 가치들이 열정적이라는 것입니다. 열정은 감정적인 단어입니다. 이것은 당신이 이런 가치들에 대하여 강력하게 느낀다는 것을 의미합니다. 당신과 당신의 교회는 여러 가지 가치들을 가지고 있습니다. 아마도 일백 가지 이상이 될 것입니다. 그러나 물어야 할 질문들은 이것입니다. '어떤 가치들이 우리의 감정을 분기시키는가? 어떤 것들에 대하여 우리는 강력하게 끌리고 있는가?' 등입니다. 그 대답은 당신의 핵심 가치들이 무엇인지를 드러낼 것입니다."

"저는 목사님의 핵심 가치들 중의 하나를 이미 찾아내었습니다"라고 밥이 말하였다.

"그래요? 그게 뭔데요?" 스티브가 밥을 보고 난색을 표하며 물었다.

"복음 전도입니다. 저는 목사님이 사람들과 그들의 필요들에 대하여 알고자 하는 일에 열정을 갖고 있다고 생각합니다."

"당신의 말이 옳습니다. 밥, 그것은 내가 열정적으로 추구하는 일들 중의 하나가 확실합니다! 그러므로 당신은 핵심 가치들이 무엇인지를 이해하기 시작한 것이로군요?"

"그렇습니다. 이렇게 간단한 문제였군요." 밥은 웃으며 말하였다.

성경적이다

"좋습니다. 그것은 아주 간단합니다. 셋째로, 핵심 가치들은 성경적입니다. 이것이 의미하는 바는 성경 어딘가에서 그것들에 대하여 말하고 있을 가능성이 크다는 것입니다."

"복음 전도처럼, 그것은 예루살렘 교회의 가치였을 뿐만 아니라 신약의 곳곳에서 발견되고 있는 가치입니다." 밥이 말했다.

"밥, 그거 좋은 예입니다. 저는 우리가 네 번째 부분으로 나아갈 수 있다고 생각합니다."

신조들

"핵심 가치들은 핵심 신조들입니다. 만일 당신이 교회의 가치들을 모두 열거한다면, 많은 가치들이 발견될 것입니다. 그러나 당신의 교인들에게는 몇몇 가치들이 다른 가치들보다 더 영향력을 끼칠 수가 있는데, 이런 것들이 당신의 핵심 가치들입니다. 그것들은 또한 당신의 신조들입니다. 당신의 사역의 근본적인 신념들 즉 당신의 사역을 규정하는 본질적인 규칙들입니다. 예루살렘 교회의 가치들을 규정한 것이 무엇이었는지를 사도행전 2장에서 말하고 있는데, 꼭 그와 같다고 하겠습니다."

사역을 추진시킨다

"마지막으로, 핵심 가치들은 사역을 추진시킵니다. 그것들은 사역이라는 자동차의 운전석에 앉아 있습니다. 그리고 조용하게, 종종 알아차리지 못하게 사역을 움직여서 어떤 특정의 방향으로 나아가게 합니다. 아니 그런 방향으로 나아가도록 강력한 영향력을 행사한다고 하는 게 나을 것입니다."

"예, 복음 전도에 대해 다시 말한다면," 밥이 말했다. "복음 전도는 당신의 핵심 가치들 중의 하나이며 당신의 교회의 핵심 가치들 중의 하나가 분명합니다. 그 사실은 지난 10여년 동안에 당신의 교회를 통해서 엄청난 수의 사람들이 믿게 된 일의 주요 원인일 것입니다."

"나는 그 말이 옳다고 생각합니다." 스티브도 동의했다. "이제 가치들이 의미하는 바에 대하여 당신이 그 정수(精髓)를 파악한 것처럼 보입니다."

"저도 그렇게 생각합니다." 밥이 말했다. "그러나 분명한 질문은 '우리 교회의 가치들이 무엇인가?' 와 '어떻게 우리가 귀중히 여기는 것을 발견할 수 있는가?' 일 것입니다."

"우리는 그것에 대하여 말하려고 합니다." 스티브가 언급했다. "그러나 우리는 우선 다른 항목을 하나 다루어야 할 것입니다."

가치의 종류들

"여러 종류의 가치들이 있는데, 나는 몇 가지를 언급하고 싶습니다. 그 차이점들을 이해하는 것은 중요합니다. 여기에 목록이 있습니다." 스티브는 밥에게 메모지 한 장을 건네주었는데 거기에는 다음의 내용이 적혀 있었다.

가치들의 종류

의식적인 것과 무의식적인 것
공유하는 것과 비공유적인 것
개인적인 것과 조직적인 것
실제적인 것과 원망(願望)적인 것
선한 것과 나쁜 것

"우선 의식적인 것과 무의식적인 것입니다. 대부분의 교회들은 자신의 가치들 중의 많은 것들을 무의식적인 수준에서 지니고 있습니다. 그들은 그것들에 대하여 알지 못하기 때문에 그것들을 표현할 수도 없습니다. 목사가 할 일은 그 가치들이나 신념들을 의식적인 수준으로 끌어올려서 교인들이 예루살렘 교회와 같이 그들을 추진시키고 있는 것이 무엇인지를 알도록 만드는 것입니다. 여기에는 가치 발견이 포함되는데, 그것에 대해서는 우리가 나중에 논의하게 될 것입니다. 다음으로 공유된 가치들과 공유되지 못한 가치들이 있습니다. 공유된 가치들은 교회 교인들이 공동으로 갖고 있는 것들로서, 그리스도를 위하여 중요한 역할을 합니다. 비공유적 가치들은 사람들이 서로 다르게 인식하고 있는 것들인데, 이것

은 온갖 종류의 문제들을 발생시킵니다.”

“그렇습니다. 저는 그것에 대하여 모든 것을 알고 있습니다.” 밥이 자기가 쓴 것을 계속 들여다보면서 말했다.

“공동의 전선은 공유된 가치들로부터 출발하는 것이 분명합니다.” 스티브가 첨가하여 말하였다. “목록의 세 번째는 개인적인 가치들과 조직적인 가치입니다. 당신과 당신의 교회에 있는 사람 모두는 그 조직체를 위하여 개인적이고 직접적인 가치들을 지니고 있습니다. 당신이 그것들을 함께 모으면 그것들은 교회의 조직적인 가치들이 됩니다.”

“그렇다면 제가 목회하거나 목회하고자 고려하고 있는 교회를 위한 제 개인적 가치들이 교회의 가치들과 어울리는 것이 중요할 것입니다.” 밥이 끼여들었다.

“그렇습니다. 나는 그것을 가치 정렬이라고 부릅니다. 만일 조직을 위한 목회자의 개인적 가치들이 교회의 가치들과 심각하게 다르다면, 목사는 어려움을 겪게 될 것입니다.” 스티브는 고개를 끄덕이며 말했다.

스티브는 목록에 있는 실제적인 것과 원망(願望)적인 가치들을 가리켰다. “실제적 가치들은 당신과 당신의 교회가 소유하고 있으며 매일 그것에 준거하여 생동하는 신조들입니다. 원망적 가치들은 당신이 가지고 있지 않거나 그것에 준거하여 살지는 않으나 그렇게 하고 싶어하는 가치들입니다. 실제적 가치들은 당신에 대하여 사실적인 것이 무엇인지를 나타냅니다. 원망적 가치들은 사실이 될 수 있는 것을 보여 줍니다. 그리고 마지막으로, 선한 가치와 나쁜 가치들입니다. 나는 그것들에 대해서는 설명할 필요가 없다고 생각합니다. 예를 들면, 사도행전 5:1-6에 나오는 아나니아는 자기 자신과 자신의 이해 관계를 그리스도와 예루살렘 교회를 구성하고 있는 신자들의 그것보다 귀중히 여겼습니다. 그것은 나쁜 가치지요."

가치들의 발견

"이제 우리가 가치들 발견을 논의할 차례가 되었습니다." 스티브가 말했다.

"좋습니다!" 밥이 말했다. "당신이 말하고 있는 동안 몇 가지 가능성 있는 가치들이 제게 떠올랐습니다. 그러나 저는 그것들이 어떻게 교회의 가치들이라고 확신할 수 있는지를 알지 못합니다."

"나는 당신에게 우리가 가치들을 발견하기 위하여 교회에서 사용했던 다섯 가지 방법들을 말해줄 수 있습니다." 스티브가 말하기 시작하였다. "첫 번째 것은 당신이 생각하는 가치들을 종이 위에다 적는 것입니다. 그 것은 '즉흥적인 이야기' 인데, 다른 것보다 어려운 방법입니다. 왜냐하면 당신은 '무에서 유를 창조하듯이' 그것들을 생각해 내야 하기 때문입니다. 두 번째는 핵심 가치들을 심사하는 것입니다. 여기에 내가 사용하던 것이 하나 있는데, 그것이 당신에게 도움이 되리라고 생각합니다." 스티브는 밥에게 몇 페이지로 된 문서를 건넸다. "세 번째는 당신의 예산을 살피는 것입니다." 스티브는 계속 말을 이었다. "대부분의 교회들의 가치들은 교회의 예산을 압박하기 때문입니다."

"네 번째는 다른 교회들의 신조들이나 핵심 가치 진술서들을 모아서 검토하는 것입니다."

"그것이 가치 발견 과정에 어떤 도움을 주게 됩니까?" 밥이 물었다.

"다른 교회의 신조들을 점검할 때 어떤 가치들이 눈에 확 들어오는 것을 발견하게 됩니다. 그들은 자신 자신의 것인 가치들을 감동적으로 분별해 내고 있는 것이라고 나는 믿습니다. 그러므로 그것은 당신 자신의 가치들을 발견하는 또 다른 길이 됩니다. 다섯 번째의 길은 당신과 당신의 목회 팀이 – 직원, 당회, 그리고 다른 지도자들 – 함께 그런 가치들을 찾는 것입니다. 내가 처음 당회원과 직원들을 만났을 때, 우리는 우리의 가치들을 '이야기판 만들기'(storyboarding; 영화의 주요 장면을 묘사한 일련의 그림들을 붙이는 작업 – 역자 주)라 불리는 과정을 통해서 발견하였습니다. 거기에는 그 집단에 속한 모든 사람들이 교회의 가치들이라고 스스로 믿고 있는 것을 표현하도록 요청하는 과정이 포함됩니다 – 우리는 그것을 이야기판 만들기라 부릅니다. 그렇게 하면 40내지 60개의 가치들을 얻게 됩니다. 그런 다음에 여러분은 각 사람에게 우선적인 신념들이 무엇이라고 믿고 있는지를 택하라고 청함으로 그 가치들을 좁혀갑니다. 그리하여 교회의 가치들을 8내지 10개의 핵심 가치들로 줄여가게 됩니다. 이 말을 다 받아 적었습니까?" 스티브가 물었다.

핵심 가치들을 찾아내기

1. 당신이 당신의 핵심 가치들이라고 믿는 것들을 적으라.
2. 핵심 가치들을 심사하라.
3. 당신의 예산을 점검하라.
4. 다른 교회들의 신조들을 모아서 검토하라.
5. 당신과 당신의 팀이 이야기판 만들기와 두뇌 짜기 (brainstorming)를 통해서 당신의 가치들을 함께 찾아보도록 하라.

“예.” 밥은 자기 메모들을 살펴보면서 대답하였다.

“그렇다면 당신은 이런 것들 중의 몇 가지를 이미 시행하였으며 당신의 교회를 위하여 가치들의 신조를 개발하였으리라고 저는 생각합니다.” 밥이 말했다.

“그렇습니다. 우리는 그렇게 하였습니다.” 스티브는 자신의 서류 가방을 들여다보면서 말하였다. “내가 당신에게 주려고 한 부를 복사해 왔지요.”

“대단히 고맙습니다.” 밥은 그 문서를 찬찬히 살피기 시작하였다. “이와 같은 것을 생각해 내는 데는 은사가 필요할 것입니다. 저는 저의 지도자들 팀과 함께 이야기판 만들기 방식을 응용해 볼 작정입니다. 저는 앞으로도 당신의 도움이 계속 필요할 것입니다.”

“좋습니다.” 스티브는 말했다. “언제든 물어 보십시오.”

“그리고 제가 그 일을 다 마치면 그것을 비평도 해 주시겠습니까?” 밥이 물었다.

“그렇게 하고 말고요. 우리는 그것에 대하여 전화로 이야기 할 수도 있을 것입니다. 자아, 그러면 당신이 그것을 읽고 있는 동안 나는 커피를 좀 더 가지고 오겠습니다. 당신도 좀 더 마시겠습니까?”

“그렇게 하겠습니다.” 밥은 계속 읽어 가면서 대답했다.

스티브가 커피 두 잔을 가지고 돌아왔을 때도 밥은 노스포인트의 신조에 여전히 몰두되어 있었다. 그러나 그는 곧 그것을 자기 서류철에다 끼워 넣었다.

사명 질문

"좋습니다. 이제 두 번째의 근본적인 문제로 넘어갑시다." 스티브가 말했다. "나는 이것을 '사명' 질문이라 부릅니다. 이것은 교회에게 '우리가 무엇을 하고 있어야 합니까? 라고 질문하는 과정입니다."

사명의 중요성

밥은 자기 메모장의 한 장을 넘기더니 쓰기 시작하였다.

스티브는 계속 말을 이었다. "사명은 몇 가지 이유에서 중요합니다. 첫 번째로, 사명은 나아갈 방향을 제시합니다. 사명은 교회에게 반드시 나아가야 할 방향에 대한 감각을 제공해 줌으로써 모든 사람들은 교회가 어디로 가고 있는지를 알게 됩니다. 두 번째로, 사명은 기능과 관련이 있습니다. 그것은 '하나님께서 우리가 무엇을 하도록 부르셨는가? 라는 중요한 질문에 대답해 줍니다. 세 번째로, 그것은 교회가 선호하는 미래를 제시해 줍니다. 그러므로 그 누구도 교회의 미래를 점칠 필요가 없게 됩니다. 하나님의 주권 안에서 사역의 사명을 결정함으로써 당신은 당신의 사역의 미래를 창조하는 일에 동참할 수 있게 됩니다. 네 번째로, 사명은 교회의 전략을 형성시킵니다. 사명은 '무엇' 이라는 질문에 응답합니다. '우리가 무엇을 하고 있어야 합니까? 라는 질문에 말입니다. 그런데 전략은 '어떻게' 라는 질문에 응답합니다. 그것은 '우리는 어떻게 이 사명을 성취할 것입니까? 입니다. 그러므로 사명이 없는 전략은 아무런 의미가 없습니다. 다섯 번째로, 사명은 가치 평가를 촉진시킵니다. 만일 당신이 당신의 교회가 어떻게 행하고 있는지를 알기 원한다면 그 교회가 사명을 다하고 있는지를 평가해 보도록 하십시오.”

밥은 다음의 내용을 적어 놓았다.

사명의 중요성

1. 사명은 사역의 방향을 규정한다.
2. 사명은 사역의 기능에 초점을 맞춘다.
3. 사명은 사역의 선호하는 미래를 제시한다.
4. 사명은 사역의 전략을 형성시킨다.
5. 사명은 가치 평가를 촉진시킨다.

사명의 정의

“이것은 대단히 의미가 있습니다.” 밥이 말을 끊으며 끼어들었다. “그럼 ‘사명’ 이란 단어에 대해 당신이 의미하는 것이 정확히 무엇입니까? 우리는 신학교에서 이것에 대해 약간의 공부를 하였습니다만, 저는 당신이 동일한 정의를 사용하고 있는지 궁금합니다.”

“저는 사명을 교회가 무엇을 행하고 있어야 하는지에 대한 넓고 간결하고 성경적인 진술이라고 정의합니다.” 스티브가 대답하였다.

“좋습니다. 제가 그것을 적어 두겠습니다.” 밥은 다음과 같이 적었다.

사명은 교회가 무엇을 행하고 있어야 하는지에
대한 넓고 간결하고 성경적인 진술이다.

"저를 위해 그것을 조목조목 설명해 주실 수 있으십니까, 스티브 목사님?"

"물론입니다. 첫 번째로, 사명은 그것이 아치 형태의 포괄적인 진술이라는 의미에서 광범위합니다. 당신이 행하는 모든 일은 사명 진술 안에 들어 있어야 합니다. 그러면서도 그 진술은 간결해야만 합니다."

"얼마나 간결해야 합니까?" 밥은 알고 싶어하였다.

"글쎄요, 피터 드러커(Peter Drucker)가 한 말에 나도 동의하는데, 그것은 티셔츠에 써넣을 수 있을 만큼 간결해야 한다는 것입니다. 그러니까 한 문장으로 되어 있어야 합니다. 그렇게 하지 않으면 그 누구도 그것을 기억하지 못할 것입니다. 그리고 사명은 성서를 기초하고 있다는 데서 성경적입니다. 조금만 기다리면 당신에게 당신의 교회의 사명을 성경 안에서 보여 드리겠습니다. 그리고 그 사명은 하나의 진술입니다. 당신은 그것을 말로 표현할 만큼 현명한 사람일 것입니다. 당신은 그것을 당신의 사명 진술로 써 놓을 수 있을 것입니다. 마지막으로, 그것은 당연히 목회에서 이루어져야 하는 일입니다."

"그런데 당신은 그것이 무엇인지를 어떻게 압니까?" 밥이 물었다.

"그것은 성경 안에 나와 있습니다. 마태복음 28:19 - 20에 말입니다."

"오, 그렇군요. '가서 모든 족속으로 제자를 삼으라...' 는 대사명 말이지요?"

스티브는 계속 말을 이었다. "아시다시피, 구세주께서는 약 2000년 전에 모든 교회의 사명을 미리 정해 놓으셨습니다. 그분은 모든 교회가 제자들을 양산(量産)하기를 원하십니다. 그러므로 우리는 우리 자신에게 물어야 합니다. '우리 교회는 지금 무엇을 하고 있는가? 그리고 '우리가 지금 하고 있는 것이 당연히 해야 할 일인가? 라고 말입니다."

교회의 사명과 목적의 차이

"제가 신학교 시절 품고 있었던 질문은 그 누구도 진실로 다룬 사람이 없는 것이었는데, 교회의 사명과 비전의 차이에 대한 것이었습니다." 밥이 말하였다.

"우리는 또한 교회의 사명과 교회의 목적의 차이도 포함시켜야 합니다." 스티브가 첨언하였다. "수년 전에 나도 바로 그 질문을 가지고 씨름하였습니다. 나는 약간의 조사를 하였고 약간의 답을 얻게 되었습니다. 연구를 통해서 내가 개발한 차트들 중의 몇 가지를 가지고 왔습니다." 그는 밥에게 차트 두 개를 건네주었다. "교회의 가치들과 사명처럼, 교회의 목적과 비전 또한 광범위하고 근본적인 질문들을 제기합니다. 그 목적은 '교회가 왜 존재하는가?' 라고 질문합니다. 교회가 왜 여기에 있습니까? 성경적인 대답은 하나님을 영화롭게 하기 위해서입니다. 우리는 시편 22:23과 50:15, 이사야 24:15, 로마서 15:6, 고린도전서 6:20과 10:31 같은 구절들 안에서 그 사실을 보게 됩니다. 목적 질문은 사명 질문과는 다릅니다. 목적은 범주에서 보다 더 광범위하고 하나님께 보다 더 관심을 쏟습니다. 첫 번째 차트를 보면 당신은 그 차이점들을 알게 될 것입니다."

밥은 차트를 읽었다.

교회의 목적과 사명의 차이

	목적	사명
질문	왜 우리가 존재 하는가?	우리가 무엇을 하고 있어야 하는가?
목표	하나님을 영화롭게 하는 것	제자들을 삼는 것
범위	넓다	좁다
초점	하나님	제자들

"이렇게 하니 참으로 명확해졌습니다." 그는 말했다.

사명과 비전의 차이점

"이제, 비전에 대하여 생각해 봅시다." 스티브가 말했다. "비전이 묻는 근본적인 질문은 '우리가 어떤 종류의 교회가 되고 싶은가?' 또는 '우리가 2년, 5년, 심지어는 지금부터 10년 후의 우리 교회에 대하여 생각하거나 그려볼 때 어떤 그림이 떠오르는가?' 입니다. 사명과 비전을 비교하고 있는 다른 차트를 보십시오."

한 교회의 사명과 비전의 차이점

	사 명	비 전
정 의	진술	즉석 사진
적 용	계획 수립 도구	의사 전달 도구
길 이	짧다	길다
목 적	정보를 준다	영감을 준다
활 동	사람들이 알도록 돕는다.	사람들이 보도록 돕는다.
근 원	머리	가슴
순 서	첫 번째	두 번째
초 점	넓다	좁다

스티브는 차트의 첫 번째 줄을 가리켰다. "첫 번째로, 사명은 기록된 진술인 반면 비전은 교회의 미래에 대한 마음 속의 그림이나 청사진으로 회중이 그들의 마음 속의 지갑이나 수첩에 가지고 다니는 것입니다." 밥은 그런 개념 설명을 듣고는 웃었으며, 스티브는 계속 말을 이었다. "두

번째로, 사명은 계획 수립을 위한 도구입니다 – 사역의 미래를 계획하는 것입니다. 반면 비전은 의사 전달 도구입니다 – 바로 그 미래를 전달하는 것입니다. 세 번째로, 사명은 간결합니다. 티셔츠에 새겨넣을 수 있을 정도로 간결합니다. 비전은 보다 더 길어서 짧게는 한 단락으로부터 길게는 20페이지 이상 되는 것도 있습니다.”

스티브는 계속해서 차트에 있는 각각의 항목을 가리키면서 말하였다. “네 번째로, 사명의 목적은 교회에게 그들이 지금 어디로 가고 있는지를 알려 주는 것이지만, 비전은 그들에게 그 방향으로 움직이도록 영감을 불어넣는 작용을 합니다. 다섯 번째로, 사명은 사람들이 교회가 무엇을 하고 있어야 하는지를 알게 되도록 돕습니다. 반면 비전은 사람들이 그것을 볼 수 있도록 돕습니다. 만일 사람들이 그것을 볼 수 없다면, 그 일은 발생하지 않을 것입니다. 이제 살펴봅시다.” 스티브는 ‘근원’에 이를 때까지 차트에 있는 항목들을 세어 내려갔다. “여섯 번째로, 사명은 머리로부터 옵니다 – 그것은 근원적으로 볼 때 보다 더 지성적입니다. 비전은 가슴으로부터 옵니다 – 그것은 우리의 감정을 두드립니다. 일곱 번째는 순서입니다. 종종 지도자들이 먼저 사명을 규정해 놓고 난 다음에 그것을 추진할 것에 대하여 꿈꾸는 동안에 비전이 초점 속으로 들어오게 됩니다. 그리고 여덟 번째로, 사명은 교회의 미래에 대한 광범위하고 포괄적인 진술입니다. 비전은 사명에 기초하고 있습니다만 보다 더 협소하여서 그 미래의 세부 사항들을 제시합니다. 거기에는 전략, 표적 집단(target group), 그리고 지리학이 포함되지요.”

“확실히 알겠습니까?” 스티브가 물었다.

“아주 분명해졌습니다. 감사합니다! 그런데 혹시 노스포인트의 비전 진술서 복사본을 한 부 가지고 오지 않으셨습니까? 제가 훑어볼 수 있었으면 합니다만."

스티브는 서류 가방을 뒤졌으나 그것을 발견할 수 없자 이렇게 말하였다. "내가 그것을 당신에게 우송하면 어떨까요?"

"그렇게 하면 되겠습니다." 밥이 말하였다.

사명 진술의 개발

"내가 노스포인트의 사명 진술서를 가지고 왔습니다." 스티브가 서류 가방에서 매력적이고 잘 도안된 서류를 하나 꺼냈다. 그 서류에는 교회의 핵심 가치들과 사명 진술서를 포함하여 노스포인트 공동체 교회에 관한 정보가 들어 있었다. 스티브는 종이 하나를 꺼내어 그것을 밥 앞의 탁자 위에다 놓았다. 그 위에는 문장 하나가 적혀 있었다.

> 노스포인트 공동체 교회의 사명은
> 사람들을 개발시켜 충분한 기능을 발휘하는
> 그리스도의 추종자가 되도록 돕는 것이다.

"오!예! 이건 참 간결하면서도 적절한 표현입니다." 밥이 말하였다.

"이런 것을 어떻게 만들어내셨습니까?"

"지도자들과 내가, 그리스도께서 명령하신 대로, '제자들을 삼으라' 는 대사명을 가지고 시작했지요. 그런데 내가 교회에 있는 사람들에게 제자에 대한 정의를 물었을 때 온갖 종류의 대답을 얻었습니다. 결과적으로 나는 교회 주변에서 그 용어를 사용할 때 우리가 의미하는 바를 명확하게 해야 한다는 것을 알게 되었습니다. 그러므로 우리는 대사명을 교회를 위하여 구체화하였으며 또 이런 사명 진술을 얻게 되었습니다. 우리가 제자를 '충분한 기능을 발휘하는 그리스도의 추종자'로 부른 것에 유의하십시오. 당신과 같은 외부 사람들에게는 그것이 무엇을 뜻하는지 약간 분명히 해 줘야 할 필요가 있을 것이나 우리 교인들에게는 우리가 지금 힘쓰고 있는 바를 말해 줄 뿐입니다. 우리는 항상 그것에 대하여 언급하고 있습니다. 그리스도의 추종자들이 된다는 것은 조금 설명이 필요합니다. '충분한 기능을 하는'이라는 말은 약간의 설명이 필요하다는 뜻입니다. 우리는 스스로 중요한 질문을 하나 해 보았습니다. '충분한 기능을 하는 그리스도의 추종자(제자)는 어떤 모습일까? 우리가 그런 사람을 만났을 때 우리는 그런 사람을 어떻게 알아볼 수 있을까? 우리의 대답은 3C였습니다. conversion(회심), commitment(헌신), 그리고 contribution(봉사) 말입니다. 충분한 기능을 하는 추종자들은 그리스도께로 회심한 사람이며, 자신을 드려 그리스도 안에서 성장하고 있는 사람이며, 그리스도의 일에 이바지하고 있는 사람입니다(그들은 자신들의 영적 은사들로 몸을 섬기며 그들의 재정을 나누며 길 잃은 사람들을 찾아다닙니다)."

"그 말이 듣기 좋습니다." 밥이 말했다. "안개가 걷히기 시작하고 있습니다." 스티브는 밥이 안개라는 비유를 사용하는 것을 보고 미소를 지었다. "저는 교회를 위하여 사명 진술을 개발하였는데, 그것은 이것과는 다른 것이었습니다. 그러나 저는 당신의 산출물 – 당신의 사명 진술 – 에 대해서 이해하기 시작했을 뿐만 아니라 당신이 그것을 산출하기 위하여 겪은 과정에 대해서도 알게 되었습니다. 그런데 질문이 하나 있습니다. 만일 당신의 교회 내의 한 사람이 기능적이거나 충분히 기능적인 그리스도의 추종자가 아니라면 그것은 그가 영적으로 기능 장애인이란 의미입니까?"

두 사람은 모두 웃었다. 그런 후에 스티브가 대답하였다. "우리는 웃을 수 있지만 회중이 있는 데서는 그런 식으로 말하지 않습니다. 그러나 어쨌든 그 대답은 맞습니다."

"이제 농담은 접어두겠습니다. 왜 '사람들을 돕는다' 라는 말을 '사람들을 개발시켜 충분한 기능을 하는 그리스도의 추종자들로 만든다' 와 같은 것의 반대되는 표현으로 사용하셨습니까?" 밥은 물었다.

"당신이 질문한 것은 흥미있는 사항입니다. 왜냐하면 처음부터 우리는 바로 이 말을 사용하였기 때문입니다. '사람들을 개발시켜 충분한 기능을 하는 그리스도의 추종자들로 만든다.' 그러나 내가 그것에 대하여 더 생각하면 생각할수록, 나는 그 말이 모든 책임을 지도자들의 어깨 위에다 얹어 놓는다는 것을 깨달았습니다. 그 책임이 있는 곳, 즉 회중의 어깨 위에다 얹어 놓아야 하는데도 말입니다. 우리가 있는 것은 사람들을 개발시키기 위하여 있는 것이 아니라 그들이 스스로를 개발시켜 그리스도의 제자들이 되도록 돕거나 조력하기 위해서입니다."

"그거 참 좋은 말씀입니다." 밥이 말했다. "저는 그것에 대해서는 생각해 보지 못했습니다. 간결하면서도 말로 잘 표현된 사명 진술을 개발하는 것은 보이는 것처럼 그렇게 쉬운 게 아니군요."

"그렇습니다." 스티브가 고개를 끄덕였다. "거기 기록되어 있는 우리의 진술을 다듬는 것은 실제로는 아주 긴 과정이었습니다. 중요한 것은 당신이 말하고 싶은 것을 정확하게 표현해 주는 단어들을 찾는 것입니다."

“다시 말하지만 저는 우리가 도출해 낸 것을 점검하는 데 있어서 당신의 도움을 청하고 싶습니다.” 밥이 말했다.

스티브는 동의하였다.

전략 질문

스티브는 시계를 쳐다보더니 밥을 쳐다보면서 말하였다. “나는 세 번째의 근본적인 질문인 전략 질문에 대하여 우리가 이야기할 시간이 충분히 남아 있다고 생각합니다. 우리가 어떻게 하면 우리 교회의 사명을 성취하게 되겠습니까? 실제로는, 교회의 목적과 비전도 근본적인 사역 질문들을 제기합니다. 그러나 내가 그것들을 간단하게 처리하였으므로, 나는 이번에는 그것들을 포함시키지 않았습니다. 우리 교회의 경우 전략 질문은 ‘우리가 어떻게 하여야 우리 교인들이 충분한 기능을 하는 그리스도의 추종자들이 되도록 도울 수 있을까? 하는 것이었습니다. 그 대답은 주의깊게 개발된 그리고 우리 교회에 꼭 맞게 짜여진 전략입니다.”

밥은 스티브가 방금 말한 것에 대해 생각하면서 스티브를 세심히 쳐다보았다. “그러므로 실제로 전략은 사명만큼 중요하군요. 전략이 없으면 교회는 아마도 그 사명을 성취하지 못하게 될 테니까 말입니다.” 밥이 결론을 지었다.

전략의 중요성

“맞습니다.” 스티브가 동의하였다. “교회의 전략은 몇 가지 이유에서 매우 중요합니다. 첫 번째로, 전략은 교회의 사명과 비전을 성취하는 수

단입니다. 분명한 고강도의 전략이 없으면 교회는 결코 그 사명을 깨닫게 되지 못할 것입니다. 교회는 제자들을 산출하지 못하게 될 것입니다. 두 번째로, 전략은 이해를 촉진시킵니다. 그것은 당신의 교인들이 지금 하고 있는 일을 자신들이 왜 하는지를 이해하도록 돕습니다. 예배, 소그룹 집회, 주일 학교, 그리고 다른 회합들에 참여하는 일을 왜 하는지를 말입니다. 이 모든 것들은 어떤 방식으로든 제자들을 만드는 일에 기여합니다. 교인들이 그런 기여를 이해할 필요가 있습니다. 세 번째로, 전략은 추진력에 대한 감각을 제공합니다. 당신의 전략은 분명하고 분별 가능한 단계들을 가지고 있는 제자 만드는 과정입니다. 당신의 교인들은 그들이 어느 단계에 있는지를 알아야 할 필요가 있습니다. 그들은 그들이 과거에 있었던 단계를, 지금 있는 단계를, 그리고 그들이 그 과정에서 어디에 있어야 하는지를 알 수가 있습니다. 그것이 바로 추진력입니다. 그리고 네 번째로, 전략은 사역의 에너지를 극대화 시킵니다. 분명한 전략이 없으면 회중의 에너지는 전구로부터 나오는 빛처럼 여러 다른 방향으로 갈라집니다. 사명뿐만 아니라 전략도 레이저처럼 행동하여 그 모든 에너지를 한 특정의 방향으로 집중시켜 줍니다."

밥은 자기 노트에 다음과 같이 적었다.

전략의 중요성

1. 전략은 사명을 성취시킨다.
2. 전략은 이해를 촉진시킨다.
3. 전략은 추진력에 대한 감각을 제공한다.
4. 전략은 사역 에너지를 극대화시킨다.

전략의 정의

"당신은 전략에 대한 정의를 가지고 있습니까?" 밥이 물었다.

"당연히 가지고 있습니다." 스티브는 싱긋이 웃으며 말했다. "준비가 되었습니까?" 밥은 고개를 끄덕였다. 밥은 펜을 잡고 쓸 준비를 갖췄다.

"전략이란 당신의 교회가 그 사명을 어떻게 성취할 것인지를 결정하는 과정입니다."

밥은 그것을 받아 적었다.

> 전략은 당신의 교회가 그 사명을
> 어떻게 성취할 것인지를 결정하는 과정이다.

"이 정의에서는 세 가지 용어들이 중요합니다." 스티브는 계속하였다. "그것들은 **사명**, **과정**, 그리고 **어떻게** 입니다."

밥은 스티브가 말할 때 정의 안에 들어 있는 그 단어들에 동그라미를 쳤다.

사명

"모든 좋은 전략은 사명과 함께 시작됩니다. 사명이란 총체적인 목표, 즉 그 사역이 하고 있어야 하는 것을 가리킵니다. 문제는 모든 교회가 좋든 나쁘든 전략을 갖고자 하겠지만 교회는 시간이 지날수록 자신의 사명을 잊게 될 수 있다는 것입니다. 그러므로 모든 교회는 정기적으로 사명을 점검할 필요가 있습니다. '우리의 전략이 성취해야 하는 것이 무엇인가? 라고 물어 보아야 합니다."

"당신의 말은 전략을 가지고 있으면서도 사명이 무엇인지를 모를 수가 있다는 의미입니까?" 밥이 물었다.

"바로 그것입니다. 불행하게도 그것이 많은 교회들의 현상입니다. 계속 활동을 하면서, 그들이 수 년 동안 해온 일을 하고는 있으면서도 왜 그렇게 하는지를 모른다는 것입니다." 스티브는 머리를 가로 저었다.

과정

"이제 과정에 대하여 말해 봅시다. 제자 만들기는 하나의 과정입니다. 그것은 잃은 사람이든 구원을 받은 사람이든 그들이 현재 있는 곳으로부터 취하여 내서 하나님께서 그들이 있기 원하시는 곳으로 가도록 하는 것입니다. 구원받고 성숙한 사람이 되도록 하는 것입니다. 당신은 에베소서 4:10 - 16, 골로새서 1:28-29, 그리고 2:6 - 7을 검토해 볼 수 있습니다. 이런 과정은 사람들을 출생 단계로부터 성숙 단계로 이행(移行)시키는 것과 같습니다. 사역의 목적을 달성시키는 것은 사역의 수단입니다."

"그거 좋은 말씀입니다." 밥이 말했다. "우리는 제자 만들기를 하나의 과정으로 생각할 필요가 있겠습니다. 우리 중의 아주 많은 이들은 그리스도인들이 즉각적으로 성숙해진다고 기대합니다. 그런 식으로 되는 것은 아닌데도 말입니다. 하지만 저는 사람들이 자라도록 만드는 일에 있어서 항상 어려움을 느낍니다. 당신은 그 일을 어떻게 하십니까?"

스티브는 밥의 노트에 적힌 어떻게 라는 단어에 동그라미가 쳐져 있는 것을 가리켰다. "바로 그것이 내가 논의하기 원하는 세 번째의 단어입니다."

"물론 그렇게 하셔야 하고 말고요!"

어떻게

"사명은 '무엇이?' 라는 질문을 합니다. 전략은 '어떻게?' 라고 질문합니다. 당신은 어떻게 사람들을 출생, 즉 신생(新生)으로부터 성숙으로 나아가게 합니까?".

"그러면 사람들이 성장하도록 돕기 위하여 전략을 개발해야 한다는 말입니까?" 밥이 끼여들며 말했다.

"옳습니다. 당신은 전교회적인 프로그램을 개발하기 원하고 있습니다. 모든 사람들이 제자가 되도록 하는 프로그램을 말입니다. 내가 이런 말을 하는 것은 과거에 많은 목회자들이 몇몇 전망 있고 헌신적인 사람들을 선발하여 그들에게 큰 기대를 걸고 전적으로 일한 적이 있기 때문입니다. 그건 너무 편협적인 일이었습니다. 모든 교인들이 신앙을 갖게 된 후 성숙으로 나아가도록 돕는 그런 과정이 필요합니다."

전략의 개발

"그것은 약간 당혹스런 얘기입니다." 밥은 인정하였다. "저는 전략을 발설하는 것에 대하여 생각해 본 적이 결코 없습니다. 저는 우리가 지금 하는 일 –설교, 교육, 세미나들– 을 그대로 하는 것이 사람들이 성장하도록 도울 것이라고만 생각했습니다."

"그렇기도 할 것입니다." 스티브가 말했다. "그러나 만일 그것들이 잘 고려된 전략의 일부가 되지 못한다면, 효과가 있을 수도 있고 그렇지 않을 수도 있습니다. 그러나 낙담하지는 마십시오. 당신은 전략을 개발하는 것이 실제로는 제자 만드는 일을 보다 더 쉽게 해 주는 것을 보게 될 테니까 말입니다. 기억하십시오. 그것은 추진력을 제공해 줍니다.”

“오, 그렇군요.” 밥은 자기 노트를 넘기면서 전략의 중요성에 대하여 자신이 써 놓은 것을 되씹어 보았다.

사명으로부터 전략으로

“열쇠는 제자가 ‘어떻게 보이는가?’ 라고 묻는 것입니다.” 스티브가 말했다. “기억하십시오. 우리 교회의 사명은 사람들이 충분한 기능을 하는 그리스도의 추종자들이 되도록 돕는 것입니다. 그런데 그런 사람의 특성들은 3C입니다. 회심, 헌신, 봉사(conversion, commitment, contribution). 그 3C는 우리 전략의 극히 중요한 요소들일 뿐만 아니라, 우리가 사명으로부터 전략으로 옮겨가도록 도와 줍니다. 우리는 그것들을 중심으로 우리의 프로그램을 전개해 왔습니다. 그 일례로 우리의 예배를 들 수 있습니다. 우리 교인들은 그들의 잃어버린 친구들이 우리 공동체 그룹들 중 그 어느 것에게도 참가하고 싶어하지 않는다고 말하였습니다. 그러므로 우리는 교인들과 그들의 잃어버린 친구들 모두를 위한 시간을 마련해 주었습니다. 그리고 우리는 공동체 그룹들이 헌신과 기여를 성취할 수 있도록 계획을 세워 왔습니다.”

당신의 전략을 도표로 만들기

밥은 당황한 것 같았다. 그래서 스티브는 손을 뻗혀 밥의 노트를 취한 후 ‘전략’ 이라고 썼다. 그 아래에다 그는 ‘회심, 헌신, 봉사’ 라고 썼다. “이것들 아래에는 각 과정을 추진시키기 위하여 고안된 프로그램들이 있습니다." 그는 계속해서 쓴 다음에 그 노트를 밥에게 되돌려 주었다.

전 략

회심	헌신	봉사
예배	공동체 집단들	공동체 집단들
특별한 사건들	기독교 교육 사역	봉사 집단들

"물론 이 도표는 우리의 모든 프로그램을 보여 주는 게 아닙니다." 스티브는 설명하였다. "모든 프로그램을 보여 주는 중심 도표는 따로 있습니다. 그 중심 도표는 우리가 항상 큰 그림을 염두에 두고 나갈 수 있게 합니다. 모든 사역에는 '선반 생명'(shelf life)이라는 것이 있습니다. 그러므로 4분기마다 한 번씩 그 도표 상에 있는 프로그램들을 살핌으로써 무엇이 제자 만드는 일에 공헌하고 있으며 또 무엇이 공헌하고 있지 않는지를 알아볼 수 있습니다. 우리는 또한 그것을 사용하여 균형을 잡기도 합니다. 우리는 각각의 C가 그 아래에 적정 숫자의 프로그램들을 가지고 있어서 그것을 성취할 수 있는지를 알아볼 수 있습니다."

시각 자료

"우리는 우리 구성원들이 우리의 전략을 기억하는 것을 돕는 시각 자료를 창안해 내었습니다." 스티브가 말했다. 그는 밥으로부터 노트를 가져가더니 다음에 나오는 세 다리 달린 탁자를 그렸다.

"이 탁자는 우리가 우리의 전략을 사람들에게 전달하는 것을 돕는 시각 자료로 사용됩니다." 스티브가 설명하였다. "평평한 면은 제자를 나타냅니다. 그리고 다리 1은 회심으로서, 충분한 기능을 하는 그리스도의 추종자가 되는 첫 번째의 단계입니다. 우리는 사람들에게 한 다리가 탁자를 지지하기에 충분하지 못한 것처럼 회심은 한 사람을 충분한 기능을 하는 추종자로 만드는 데 충분하지 못하다고 말합니다. 우리는 다리 2에 대해서도 동일한 일을 합니다. 탁자는 하나의 다리보다는 두 개의 다리가 있을 때 더욱 안정적입니다. 그러나 아직 충분히 안정적인 것은 아닙니다. 충분한 기능을 다하는 추종자는 동시에 지상에 닿아 있는 세 개의 다리를 모두 가지고 있어야 합니다. 그것은 회심하고 헌신하고 봉사하는 사람들을 가리킵니다."

밥은 미소지었다. "이제 모든 안개가 걷히는 것 같습니다! 그 모든 것이 어떻게 하나로 융합되는지가 제 눈에 보입니다. 그것은 훌륭한 예화입니다. 당신의 그림이 아니라 그런 개념 말입니다!'

그들 두 사람은 모두 웃었다. 스티브는 노트해 둔 것을 떠밀어 탁자 위 밥의 쪽으로 돌려보냈다. 그리고 나서 "자 이제 더 이상의 그림이 필요치 않습니다." 라고 말했다. "시각 자료는 효과가 큽니다. 내가 이 자료를 가지고 다른 문화권 사람들에게 가르쳤을 때 그들은 이 다리 세 개가 달린 탁자의 개념을 이해할 수 있었습니다. 시각 자료는 전(全)문화적인 것입니다. 나는 당신의 교인들이 당신의 전략을 이해하도록 도울 시각 자료를 개발하기를 권고하는 바입니다. 만일 이 탁자가 예화 재료로 당신의 사람들에게 도움이 된다면 얼마든지 이것을 사용해도 좋습니다."

"우리에게는 시간이 충분치 않습니다." 스티브가 말했다. "우리 기도합시다. 그런 다음에 나는 돌아가야 하니까요."

기도를 드린 후에 그들은 함께 차 있는 쪽으로 걸어갔다. "저는지금 흥분하고 있습니다." 밥이 말했다. "이 주간 안에 시간을 내서 저희 교회가 이 과정을 통과하도록 돕는 일을 시작하고자 합니다. 우리가 논의한 결과가 진행되는 것을 보는 것은 흥미 있는 일이 될 것입니다."

"그렇고 말고요." 스티브가 동의하였다. "나는 그 과정과 결과가 당신의 교회의 생명에 말할 수 없이 귀중하다는 것을 당신이 발견하게 되리라고 생각합니다."

한 교회의 사역에 대해서는 근본적인 질문이 적어도 9가지가 있다. 그 중 세 가지만 이 장에서 취급되었다. 다른 것들에 대해서는, Aubrey Malpurs, *Advanced Strategic Planning* (Grand Rapids: Baker, 1990)을 보라.

핵심 가치들이라는 주제에 대한 심층적 논의를 위해서는, Aubrey Malpurs, *Values-Driven Leadership* (Grand Rapids: Baker, 1997)을 보라. 또한 표본적 신조들에 대해서는 *Values-Driven Leadership* 의 부록A를 보라.

핵심 가치들 검사를 위해서는 이 책의 부록A를, 그리고 노스포인트의 핵심 가치들 진술에 대해서는 부록B를 보라.

이야기판 만들기 과정에 대한 설명을 위해서는 Malpurs, *Advanced Strategic Planning* 의 제1장을 보라.

피터 드럭커(Peter Drucker)가 짧은 사명 진술에 대하여 말한 내용에 대해서는, Randy Frazee with Lyle E. Schaller, *The Comeback Congregation* (Nashville: Abingdon, 1995), p.6을 보라.

노스포인트의 비전 진술에 대해서는 이 책의 부록 C를 보라.

충분한 기능을 다하는 그리스도의 추종자들에 대한 기술에 대해서는 사도행전 2:41-47을 보라.

제4장
목회자와 사람들

Pastors and
Their People

목회자는 사람들과 관계를 맺을 때 지도자, 행정가, 형제의 역할을 해야 합니다.
그러나 한 사람이 세 분야에서 모두 능숙하기는 어려운 일입니다.
그러므로 당신의 강점분야에 집중하고 한계점 분야에서는
은사가 있는 사람들에게 도움을 받아야 할 것입니다.

제4장
목회자와 사람들

Pastors and
Their People

회중, 직원, 당회원들과의 관계

밥 목사에게는 힘든 한 주간이었다. 그는 몇몇 당회원들과 더불어 사명과 비전 진술에 대하여 논의하기 시작하였으며 사명 전략의 필요성에 대해서도 논의하였다. 그의 흥분은 당회원들이 그의 생각들에 대하여 무관심하자 신속하게 사라지기 시작하였다. 그는 낙담하지 않으려고 노력하였으며, 그들이 그 과정의 가치를 이해하게 될 때까지 그것에 대하여 계속 이야기할 필요가 있다고 판단하였다. 그러나 그 때 어디선지 모르게 어려운 직원 문제가 발생하여 밥으로 하여금 혼자 방어적 입장에 있다고 느끼게 만들었다. 그는 두 시간 정도를 스티브 목사와 함께 하는 것이 그의 정신을 소생시키는 일에, 그리고 그레이스에서의 사역이 효과적일 것이라는 소망을 새롭게 갖도록 하는 데 도움이 될 것이라고 생각하였다.

밥은 늦게 서둘러 달려왔으며, 그가 스티브의 사무실로 들어왔을 때 스티브가 책상에 앉아서 신문을 읽으며 커피 한 잔을 마시고 있는 것을 발견하였다. "안녕하세요." 밥이 늘 앉던 의자에 앉을 때 스티브가 말했다. "무슨 일이 있습니까?" 그는 밥에게 커피 잔을 들어 보이며 말했다.

“예. 아마도 목사님께서 저를 일깨워 주어야 할 것 같습니다. 무슨 말씀을 하시든지 제가 그 말씀을 받아들이겠습니다.” 밥은 의자에서 일어나면서 말했다. 그는 커피세트가 들어 있는 선반으로 다가가 한 잔을 따른 후 크림과 설탕을 탔다. 그는 몇 분 동안 움직이지 않고 거기 서 있었으며 커피를 젓느라 손을 움직일 뿐이었다.

“준비가 되었습니까?” 마침내 스티브가 물었다.

“네, 그렇구 말구요.” 밥은 재빨리 자기 자리로 되돌아왔다.

“밥, 무슨 일입니까? 당신은 오늘 뭔가에 홀린 듯합니다.”

“글쎄요, 저도 그런 것 같습니다.” 그는 어떻게 말을 시작해야 할지 모르겠다는 듯이 머뭇거렸다. “전에 행정은 제 장점들 중의 하나가 아니라고 언급했을 것입니다. 이런 일이 있었습니다. 수개월 전에 저는 예산에 없는 돈을 가지고 시간제 행정 담당 직원을 고용하는 문제를 제시하였습니다. 그녀는 우리 교회에 출석하는 행정에 은사와 재능이 있는 젊은 주부인데, 결혼하기 전에는 지역의 작은 회사에서 행정 보좌역으로 일을 했었습니다. 저는 그녀가 조금 고집이 세기는 하지만 그 일에 매우 능숙하다는 얘기를 들었습니다. 그녀와 그녀의 남편이 첫 아기를 가졌을 때 그녀는 일을 그만두고 집에 머물면서 새 아이를 기르기로 결심하였습니다. 그러나 다른 많은 부부들처럼 그들은 두 사람이 돈을 버는 일에 습관이 되어 있었고 그들이 약간 재정적으로 부족하다는 것을 발견하였습니다. 그래서 저는 그녀에게 교회 내의 시간제 행정직을 제시하면서 아기를 돌보고 남는 시간을 이용해서 일을 해 달라고 하였습니다. 저는 일들이 잘 진행되고 있다고 생각하였습니다. 그런데 지난 주간에 그녀가 저에게 교묘한 술책을 행하였음을 발견했습니다.”

"그 '교묘한 술책' 이란 무엇을 의미합니까?" 스티브가 물었다.

"예... 제가 최근에 결정할 것 중 하나에 대하여 그녀와 의견 충돌이 있었습니다. 젊은 목회자로 일하고 있는 우리의 수습 직원을 해고할 것인가 말 것인가에 대해서지요. 그녀는 그가 무능하다고 확신하고 있습니다. 제가 이 교회에 오기 전부터 그는 교회 일을 하고 있었는데, 잘 해 보려고 무진 애를 썼다고 봅니다. 그는 젊고 경험이 부족한 사람이지만, 제가 약간의 지시를 내리면 그가 개선될 수 있을 것이라고 생각하여 그에게 발전할 수 있는 시간을 좀 주고 싶었습니다. 저는 그녀에게 내가 그를 시험삼아 수개월 동안 붙들어두기로 하였다고 말하였습니다. 그녀는 거의 반응을 하지 않았으므로, 저는 일이 마무리지어진 줄로 알고 있었습니다.

그런데 지난 주에 정기 당회에서 그녀가 저의 결정 사항을 한 당회원에게로 가지고 가서, 그 문제가 당회에 안건으로 올라온 것을 알게 되었습니다. 그 당회원은 그녀의 입장을 제시하였으며 저는 제 결심을 변호해야만 했습니다. 저는 그녀가 제게로 먼저 오지 않고 저의 머리 위를 지나 당회원에게로 직접 간 것은 잘못이라고 믿고 있습니다. 그리고 그 당회원이 그것을 당회에다 내놓기 전에 먼저 저와 상의하지 않은 것 또한 그릇된 일이라고 믿고 있습니다. 여하튼 상황이 꼬여서 저는 문제를 풀 방도를 궁리해야만 합니다. 이런 일은 일어나지 말았어야 했는데 말입니다."

"사역을 본격적으로 하고 있군요." 스티브는 빈정대며 말하였다.

밥의 반쯤 띤 미소, 깊은 한숨, 그리고 치켜 뜬 눈은 그가 이 아침에 목사가 된 것에 대하여 확신을 갖지 못함을 보여 주었다. "제가 목회자가 되고자 결심하기 이전에 당신이 거기 있어서 왜 저에게 이런 일들이 있을 것이라고 경고해 주지 않았습니까?" 그는 질문하였다.

스티브는 웃으면서 잠시 동안 아무 말이 없었다. 그런 다음에, "나는 이 사건이 일어난 시간이 특이하다는 것을 발견하게 됩니다. 오늘 우리의 주제는 목회자와 그의 사람들과의 관계입니다. 회중, 직원, 그리고 당회와의 관계 말입니다."

"글쎄요, 확실히 저는 오늘 귀를 기울일 필요가 있겠습니다." 밥은 말했다. "저는 정말 어떻게 해야 할지 모르겠습니다. 저는 우리가 논의하는 것이 저에게 어떤 생각들을 제공해 주리라고 기대합니다."

"나는 교회 안에서 사람들이 서로에 대하여 어떻게 관계를 맺느냐의 문제로 많은 혼란이 존재한다는 것을 발견하였습니다." 스티브는 말했다. "대부분의 교회들은 기구의 도표에 나타나 있는 적절한 조직을 가지고 있습니다. 이 도표는 교회의 내규들 중의 일부로서 누군가가 어떤 교회의 서류철에 철해 놓았던 것입니다. 그것은 이런 문제와 관련하여 도움이 될 것입니다."

"많은 시장 조직들은 그들의 조직 도표를 내던지면서 그것은 문제를 풀기보다는 더 많은 문제들을 산출하는 집단적 구속복(拘束服)이라고 주장합니다. 그들의 주장은 이렇습니다. '가장 좋은 기구는 전혀 기구가 없는 것입니다.' 나는 동의하지 않습니다. 모든 기구는 기능을 하는 어떤 종류의 조직을 가져야만 합니다. 그렇게 하지 않으면 당신은 혼돈에 쌓이게 될 것입니다. 만일 조직이 전혀 없다면 당신이 어떻게 그것을 기구라 부를 수 있겠습니까? 고린도전서 14:33과 40절, 그리고 골로새서 2:5과 같은 성경에서 교회는 질서 있게 운영되어야 한다고 바울이 매우 분명하게 밝히고 있습니다. 그러려면 기구가 필요합니다."

"그 말씀은 좋은 내용입니다." 밥은 말했다. "저는 그 구절들을 예배드릴 때 쓰는 것 이상으로 생각해 본 적이 없습니다만, 그것들이 어떻게 관련되는지를 알 수 있게 되었습니다."

"그렇습니다." 스티브가 계속했다. "기구는 교회의 모든 부분에서 중요합니다. 대부분의 교회에서 문제는 전형적 기구 도표와 함께 놓여 있다고 나는 생각합니다. 그 도표는 제한된 상황 안에서만 유효한 일차원적인 것이 되기 때문입니다. 그러므로 오늘 나는 두 가지 것을 성취할 수 있기 원합니다. 나는 교회의 세 차원들에 대하여 설명하고 그것들 각각이 자신에게 해당하는 조직을 어떻게 가지고 있는지를 보여 주고 싶습니다. 그리고 그 조직들을 기반으로 사용하여 목회자와 회중, 직원, 그리고 당회 사이의 관계를 도표로 나타내고 싶습니다. 당신은 받아 적을 준비가 되었습니까?"

"예 그렇습니다." 밥은 노트와 펜을 꺼냈다. "목사님은 지금 제가 절실하게 필요로 하는 문제를 제시하셨습니다. 저는 그 모든 것을 파악하고 싶습니다."

교회의 세 가지 차원

"모든 교회는 일차원적이지 않고 다차원적입니다." 스티브가 말을 시작하였다. "그러므로 단일 기구 도표는 충분하지가 못합니다. 그것은 교회의 한 차원만을 반영하고 있기 때문입니다. 우리는 교회를 세 가지의 주요 차원을 중심으로 조직하였습니다. 대의(大義), 단체, 그리고 공동체로서의 교회 말입니다. 이들 각각은 다른 조직을 가지고 있으며, 그 각각은 또한 회중과 직원과 당회를 구성하고 있는 사람들 가운데서의 다른 관계들을 반영하고 있습니다. 우리는 그 차원들과 그것들의 조직들을 먼저 탐구하고자 합니다. 그 후에 그 관계들을 살필 것입니다."

대의로서의 교회

"먼저, 대의로서의 교회입니다. 교회는 대의 때문에 존재한다는 개념입니다. 즉 교회 자신보다 더 큰 어떤 것, 그 자신을 초극하는 어떤 것을 위하여 교회가 존재한다는 말입니다. 여기에는 교회의 목적, 즉 하나님을 영화롭게 하는 것과 교회의 사명 즉 대사명(大使命)과 같은 개념들이 포함됩니다. 그리고 그리스도의 교회의 건립이 포함됩니다."

스티브는 잠시 숨을 멈추었다가 말하였다. "나는 당신이 받아 적는 모든 수고에 대하여 미안함을 느낍니다. 그래서 몇 개의 도표를 복사해 왔는데, 이것들은 내가 오늘 당신에게 말하고자 하는 모든 정보를 요약하고 있습니다." 스티브는 밥에게 대의로서의 교회라는 제목이 달린 한 도표를 건넸다. "많은 성구들도 인용해 놓았는데, 그것들까지 우리가 살펴볼 시간은 없을 것입니다."

	대의로서의 교회		
비 유	선한 싸움을 싸우는 하나님의 군대 (롬 7:23; 엡 6 : 10 - 18; 빌 2:25; 딤전 1:18; 6:12; 딤후 2:3 - 4)		
강조점	지도력(롬 12 : 8)		
초 점	외향적		
그리스도의 역할	총사령관(딤후 2 : 3 - 4)		
목회자의 역할	지도자와 동료 군사(딤전 1 : 18)		
사람들의 역할	군사들(딤후 2:4)		
주요한 감정	흥분		
그것이 존재 하지 않을 때 교회의 상황	방향 없음		

스티브가 계속 말하는 동안 밥은 도표를 취한 후 고개를 끄덕여 감사를 표시하면서 그것을 세심히 살폈다. "대의를 가진 교회에 대한 비유는 믿음의 선한 싸움을 싸우는 하나님의 군대입니다. 그 군대는 교회의 총사령관을 기쁘시게 하기 위하여 육신과 사단의 세력에 대항하여 어려움을 감내하고 있습니다. 교회는 강력하고 은사가 있는 목회자로 구성된 지도자 그룹을 가지고 있어야 합니다. 그 목회자들은 대의를 열정적으로 전달해야 하며 도전감을 느끼며 그 대의에게로 이끌림을 받는 추종자들(동료 군사들)을 모집해 두어야 합니다. 지도자들은 믿음의 선한 싸움을 지도하며 동일한 싸움에 참여하고 있습니다.

"대의를 가지고 있는 교회의 초점은 외향적입니다. 영적 전쟁을 해야 하며 원수들을 정복해야 하며 포로들을 해방시켜야 합니다. 그리스도는 우리가 영혼들을 구원하도록 축복하실 것이며, 사단이 사로잡은 사람들을 해방시키도록 하실 것이며, 악한 자의 공격에 대항하여 굳게 서도록 하실 것입니다. 이 외향적인 초점은 극히 중요하다. 왜냐하면 너무도 많은 교회들이 시간이 흐름에 따라 내향적으로 변하고 있어서 목회 사역을 유지하며 문들을 그냥 계속적으로 열어놓는 것 이상의 대의에 대한 감각을 잃어버리게 되기 때문입니다."

"그렇습니다. 저는 그것이 바로 지금 그레이스가 처한 처지라고 생각합니다." 밥이 말했다.

스티브는 도표에 있는 네 번째 줄을 가리켰다. "갖가지 역할들이 군사적 비유 안에서 드러나게 됩니다. 교회의 사람들은 그들의 지도자 아래서 군사들로서 봉사합니다. 그리고 그들은 모두 그들의 총사령관이신 하나님을 기쁘시게 하기 위하여 봉사합니다. 그들의 상관, 즉 목회자도 총사령관의 지시에 따라 그의 군대를 전장으로 인도하는 동료 군사에 지나지 않습니다. 군사들이 전장으로 나가거나 그들의 땅을 방어하거나 그리스도를 위해 고지를 공격하고자 준비할 때 나타나는 주요한 감정은 흥분입니다. 교회는 흥분의 감정이 필요합니다. 하나님께서 그들 가운데서 일하고 계시며 그들은 그리스도를 위해 이 세상에 변화를 주고 있다는 감정이 필요합니다. 군사들이 그런 투쟁 가운데서 자기 자신이 자라며 보다 더 그리스도답게 되는 것을 보는 것은 흥분되는 일입니다. 이것은 그 전투를 싸울 가치가 있는 것으로 만들며 군사들에게 용기를 잃지 않도록 격려합니다.

대의가 하나도 없을 때 교회에는 방향이 전혀 없습니다. 군사들은 열심히는 싸우지만 왜 그렇게 하는지를 모릅니다. '그런데 이 모든 전쟁을 왜 해야 하는 겁니까? 라고 질문합니다. 지도자들은 대답합니다. '우리도 모릅니다만, 우리가 기억할 수 있는 한 우리는 싸워 왔습니다.' 시간이 흐름에 따라 그들의 노력은 감퇴되고 결국은 전적으로 그치게 될 것입니다.

우리는 교회의 대의 차원을 이렇게 나타내기로 결정하였습니다." 스티브가 도표 아래에 도해를 하나 그려 넣었다.

스티브는 그리면서 이렇게 설명하였다. "그리스도는 총사령관이시며 목회자는 그분의 부장으로, 그리고 교회의 주요 지도자로서 기능을

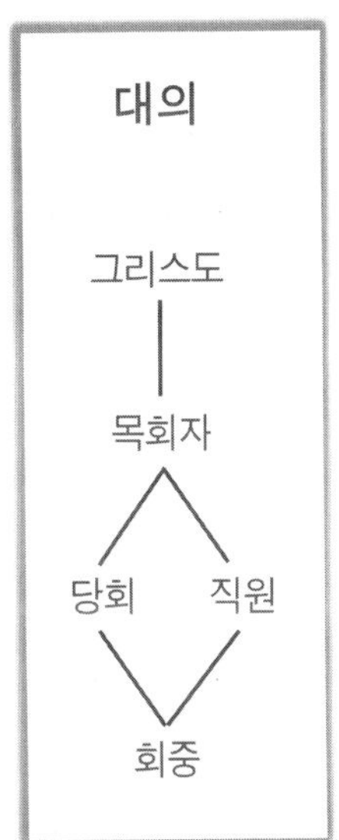

합니다. 목회자는 총사령관으로부터 '가서 제자들을 삼으라! 는 그분의 명령을 받아옵니다. 목회자 아래는 당회, 직원, 그리고 회중이 있습니다. 그들은 목회자가 비전을 제시하며 대의를 설명하며 그들에게 도전하고 영향을 주어서 구세주를 위한 싸움에 그들을 동참하게 만들어 주기를 바라고 있습니다."

"그것 참, 교회에 대해 흥분되고 도전이 되는 그림입니다." 밥이 말했다.

단체로서의 교회

스티브는 밥에게 또 다른 도표를 건넸다. "우리는 두 번째의 차원으로 나아갈 준비가 되어 있습니다. 그 차원은 단체입니다. 성경은 교회를 하나의 조직체로 묘사합니다. 이에 대한 비유는 하나님의 조직체인 교회입

니다. 교회는 장로, 집사와 같은 직원들이 있는데, 지도자들과 행정가들 중의 몇몇은 그들에게 교회의 업무를 지시해야 합니다. 이것은 교회의 사업적 측면입니다. 우리 중 많은 이들이 교회가 사업적 측면을 가지고 있음을 인정하고 싶어하지 않지만, 그러나 그것은 사실입니다.”

	대의로서의 교회	단체로서의 교회
비유	선한 싸움을 싸우는 하나님의 군대 (롬 7:23; 엡 6:10 - 18; 빌 2:25; 딤전 1:18; 6:12; 딤후 2:3 - 4)	하나님의 조직체 (고전 12:12 - 31; 14:33, 37, 40; 빌 2:25; 골 2:5; 딤전 5:17)
강조점	지도력(롬 12:8)	행정(고전 12:28)
초점	외향적	내향적
그리스도의 역할	총사령관(딤후 2:3 - 4)	머리(권위)(마 28:18; 고전 11:3)
목회자의 역할	지도자와 동료 군사 (딤전 1:18)	행정가(딤전 5:17)
사람들의 역할	군사들(딤후 2:4)	일꾼들(고전 3:9; 딤후 2:15)
주요한 감정	흥분	평안(고전 14:33)
그것이 존재하지 않을 때 교회의 상황	방향 없음	혼란

“여기서의 강조점은 사역의 행정적 국면에 있습니다. 지도자들은 교회의 일들을 ‘알맞고 질서정연한 방식으로’ 행해야 합니다. 이것에는 전략적 계획들을 개발하는 것, 그 계획들을 시행하는 것, 직업 기술들을 고안하는 것, 직원을 고용하는 일, 회합들을 주관하는 일, 예산을 개발하는 일, 그 이행을 평가하는 일, 분쟁들을 해결하는 일, 뒷일을 감당하는 것, 그리고 여타의 교회의 많은 행정적 국면들이 포함됩니다. 게다가 대부분의 교회들은 그들의 직원과 당회의 자산들을 소송에 대비하며 보호하기

위해 통합하려 할 것입니다. 그들은 변호사들을 고용하여 땅과 시설들을 건설하거나 혁신하는 일에 관련된 법적 계약들을 맺을 필요가 있을 것입니다.

여기서 분명한 초점은 내향적입니다. 이 내향적인 에너지 집중이 나쁘게 보이기는 하지만 적어도 기구로서의 교회와 공동체로서의 교회라는 두 가지 차원에서는 그것이 필요합니다. 교회의 이런 측면을 무시하는 것은 행정적인 혼돈과 잠재적인 법정 소송을 초래하게 될 것입니다.

여러 개의 역할들이 이 기구적 비유를 통해 보면 분명하게 됩니다. 그리스도는 이 기구의 머리에 계십니다. 왜냐하면 아버지는 그분에게 그분의 교회의 일들을 지휘할 수 있는 모든 권한을 주셨기 때문입니다. 장로들이나 목회자들은 교회 내에서 지도자로서 뿐 아니라 유능하고 은사가 있는 행정가들로도 일을 하여 교회의 업무들을 처리하고 있습니다. 사람들은 그리스도께서 은사를 주신 일꾼들입니다. 그들은 그에 대한 보답으로 자신의 은사들을 사용하여 다른 일꾼들에게 교회의 사역을 이행할 수 있도록 합니다.

잘 조직되고 행정이 잘 정비된 교회 안에서 사람들이 느끼는 우선적인 감정은 평안인데, 이는 무질서와 혼돈에 반대되는 것입니다. 교회는 자신의 모든 일들뿐만 아니라 자신의 사역들을 협조되고 질서가 잘 갖춰진 방식으로 수행합니다. 교회에서 우리는 이와 같이 통합적인 차원을 나타내기로 결의하였습니다." 스티브는 또 다시 도표 아래에 도식을 하나 그렸습니다.

"그리스도는 우리 기구의 머리입니다." 스티브는 설명하였다. "그리고 그분은 모든 권위를 가지고 계십니다. 도표에서 그분 아래 위치하는 모든 이들은 그분의 권위 아래 있으며 그분 앞에서 책임을 져야 합니다. 당신이 이 구조 아래로 내려가며 일하는 동안 똑같은 규칙이 적용됩니다. 그 다음에는 회중이 옵니다. 이것은 교회가 그 정책상 회중적이기 때문입니다. 다른 정책을 가진 교회들은 회중을 다른 곳에다 놓을 수 있을 것입니다. 어쨌든 교회는 그리스도의 권위 아래 있으며 그분 앞에서 책임이 있습니다. 당회는 회중의 권위 아래 있으며 그들에 대하여 책임을 집니다. 다음으로는 담임 목사가 오는데 그는 당회의 권위 아래 있습니다. 그들은 나를 고용하고 해고할 권위를 가지고 있으며, 또 그들에 대한 나의 리더십과 다른 회중들에 대한 나의 리더십에 대하여 나를 문책할 책임이 있습니다. 마지막으로 나는 직원들에 대하여 권위를 가지고 있습니다. 그들은 나의 지시를 받아 기능을 하며 내 앞에서 책임을 집니다. 직원 수준에서 문제가 발생하면 당회와 회중은 그것을 내가 처리할 것을 기대합니다. 만일 직원이 실수를 하면 나도 책임을 나누어지게 됩니다.”

단 체

그리스도
|
회중
|
당회
|
목회자
|
직원

“나는 이런 구조가 법적인 관점에서 볼 때 어떻게 유리한 점이 될 수 있는지를 압니다.” 밥이 말참견을 하였다.

“맞습니다. 대부분의 교회들처럼 노스포인트도 우리 주의 법 아래서 법인화되어 있습니다. 결과적으로 만일 누군가가 교회 때문에 상해를 입었다면 그 사람은 교회를 상대로 소송을 제기할 수는 있지만 당회나 목회자나 직원을 상대로 그렇게 할 수는 없습니다. 그 사람은 교회 자산 전체에 대해서는 회중을 상대로 소송을 제기해야 할 것입니다. 다시 말하지만, 법인화된 조직의 구조는 이것을 반영하고 있습니다. 왜냐하면 회중이 당회, 목회자, 그리고 직원보다 앞서기 때문입니다."

공동체로서의 교회

스티브는 다시 밥에게 한 도표를 건넸다. "마지막 도표입니다." 그는 말했다.

	대의로서의 교회	단체로서의 교회	공동체로서의 교회
비유	선한 싸움을 싸우는 하나님의 군대 (롬 7:23; 엡 6:10 - 18; 빌 2:25; 딤전 1:18: 6:12: 딤후 2:3 – 4)	하나님의 조직체 (고전 12:12 - 31; 14:33, 37, 40; 빌 2:5; 골 2:5; 딤전 5:17)	하나님의 가족 (행 2:44 - 46; 갈 3:28; 4:32, 34 - 36;)
강조점	지도력 (롬 12 : 8)	행정 (고전 12:28)	관계 (엡 4:11 - 13)
초점	외향적	내향적	내향적
그리스도의 역할	총사령관 (딤후 2 : 3 - 4)	머리(권위) (마 28:18; 고전 11:3)	형제 (히 2:11 - 13)
목회자의 역할	지도자와 동료 군사 (딤전 1 : 18)	행정가 (딤전 5:17)	형제 (히 2:11 - 13)
사람들의 역할	군사들 (딤후 2 : 4)	일꾼들 (고전 3:9; 딤후 2:15)	가족 (딤전 5:1 - 2)
주요한 감정	흥분	평안 (고전 14:33)	사랑 (롬 13:8; 벧전 1:22; 요일 3:11, 23; 4:7, 11 - 12; 요이 5)
그것이 존재하지 않을 때 교회의 상황	방향 없음	혼란	불임

"세 번째의 차원은 공동체입니다. 여기서의 비유는 하나님의 가족인 교회입니다. 부모와 자식과 형제로서 서로를 돌보고 식구로 대우하는 가족 말입니다. 히브리서 2:11-13은 하나님의 가족을 그리스도를 포함하여

형제로 묘사합니다. 신약 성경에 있는 '서로'를 말하는 모든 단락들은 가족이 공동체를 성취하는 또 다른 방식들을 설명해 줍니다. 공동체에 대한 예들은 사도행전 2:44-46과 사도행전 4:32,34-35에서 발견할 수 있는데, 거기서는 초대교회가 가족처럼 그들의 소유를 공유하며 그것들을 팔아서 서로를 돌보고 일을 돕고 서로의 필요들을 공급하고 있습니다."

"빌립보서 2:25에서 바울은 에바브로디도가 형제와 동료 일꾼과 군사의 세 가지 모든 역할에서 기능을 다하고 있다고 언급하고 있지 않습니까?" 밥이 물었다.

"나는 그 구절을 인식하지 못했습니다. 그것을 나에게 지적해 준 데 대하여 감사합니다." 스티브가 대답하였다.

"공동체의 분명한 강조점은 관계입니다." 스티브는 도표의 두 번째 열을 가리키며 말하였다. "이것은 필수적인 내향적 초점으로서 많은 사람들을 이끌어 교회를 찾고 교회에 등록하도록 하는 것입니다. 우리 교회는 우리의 많은 소그룹 사역들을 통하여 공동체를 성취하고자 애를 씁니다. 그 사역에서 사람들은 사랑하고 사랑을 받으며, 격려하고 격려를 받으며, 봉사하고 봉사를 받으며, 돌보고 돌봄을 받으며, 권고하고 권고를 받습니다. 역할들은 대의, 단체 차원과는 다릅니다. 그리스도, 목회자, 당회, 그리고 회중은 서로 형제들로서 관련을 맺고 있습니다.

"비록 수많은 감정들이 가족 관계에서 나타나지만, 공동체와 '서로'를 나타내는 단락들의 우선적인 강조점은 사랑입니다. 그 감정들은 모두 '서로 사랑하라'로 요약될 수 있습니다.

교회 내에서 공동체의 부재는 황폐케 하는 것으로 드러날 것입니다. 그리스도인들 뿐 아니라 길 잃은 사람들도 진정한 공동체를 열망하며 도처에서 그것을 찾고 있습니다. 이것은 아마도 가정 해체와도 많은 관련이 있을 것입니다. 그 사람들과 다른 사람들을 위하여 가족적 분위기를 제공하지 못하는 교회는 불모의 환경을 조장하게 될 것이며 마침내 그것은 사망이라는 결과를 가져오게 될 것입니다."

스티브는 또 다른 도식을 그렸다. "공동체에 대한 구조는 대의와 단체를 위한 그것과는 전적으로 다릅니다. 다른 구조들은 수직적이지만 공동체는 수평적입니다."

공 동 체

그리스도 ─ 회중 ─ 당회 ─ 목회자 ─ 직원

"이 구조에 대한 핵심 단락은 갈라디아서 3:28인데, 거기서 바울은 그리스도 안에서의 우리의 단합과 동등에 대하여 가르칩니다. 다른 단락은 히브리서 2:11-13인데, 거기서 필자는 그리스도와 그분의 사람들을 형제들로 묘사합니다. 그 관계는 가족처럼 각각 다른 사람에 대하여 깊은 애정을 가지며 안전한 환경 하에서 위험을 무릅쓰는 그런 관계입니다. 나는 시장에 있는 기구들이 사람들 그리고 고객들과 보다 더 좋은 관련을 유지하는 데 있어서 수평적 관계의 중요성을 발견하고 있다는 흥미로운 사실을 알았습니다. 그러나 동시에 문제는 그들은 수직적 구조를 던져버리고 일차원적인 것에만 머물러 있다는 것입니다. 이것은 문제들을 산출할 수 있는데, 그런 문제들은 수직적 구조만이 해결할 수가 있습니다."

"당신은 모든 기구들은 수직적 구조와 수평적 구조가 다 필요하다고 말하는 겁니까?" 밥이 물었다.

"그렇습니다. 기구 내에 있는 사람들은 다음과 같은 질문들을 할 것입니다. 즉, '내가 누구에게 보고를 해야 하며 내가 누구에 대하여 책임을 져야 합니까?' 기구들은 다차원적이어서, 수직적 구조와 수평적 구조가 다 필요합니다."

교회의 관계들

"그리고 당신은 이 구조들을 가지고 있는 것이 한 기구 내에 있는 사람들 가운데서 좋은 관계를 확립하는 데 도움이 될 것이라고 말하는 것입니까? 저와 당회의 관계처럼 말입니다." 밥이 한숨 지며 말했다. 그의 생각이 자기 자신의 처지로 되돌아갔기 때문이다.

"그렇습니다. 이런 조직들이 제 자리에 있으면, 모든 사람들은 자신이 그 그림에서 알맞은 자리와 자신의 책임이 무엇인지를 알게 되기 때문입니다. 우리 목회자들과 그들의 회중, 직원, 그리고 당회 사이의 관계를 살펴보도록 합시다."

목회자와 회중, 직원, 그리고 당회와의 관계

"마지막 도표에 있는 목회자의 역할을 보십시오."

"예. 지도자, 행정가, 그리고 형제입니다." 밥이 읽었다.

"그 세 단어를 당신의 종이에다 가로로 써 놓으세요. 이것들은 목회자의 핵심 역할들입니다. 이제 왼쪽에다 수직으로 목회자들이 종종 관계를 하는 사람들의 집단들을 쓰세요. 첫 번째 집단은 직원입니다. 나는 작은 교회라 할지라도 극소수의 직원은 가지고 있을 것이라고 생각합니다. 시간제 비서나 청년 지도자 정도겠지요. 그러나 이 직원에는 평신도의 도움을 포함시킬 수 있으며 또 포함시켜야 합니다. 그 어떤 목회자도 보수를 주든 무보수든 몇몇 직원들을 모집하고 개발하지 않고는 활동할 수가 없습니다. 다음으로, 당회라고 쓰십시오. 그들은 장로들, 집사들, 이사들, 그리고 다른 권위 있는 직책에 있는 사람들입니다. 그리고 세 번째는 회중입니다. 이것은 교회 내에 있는 다른 모든 사람들을 가리킵니다. 자원자적 일꾼들과 능동적이거나 그렇지 못한 평신도들을 모두 포함하지요."

밥은 스티브가 지시하는 것을 적어 놓았으며 도표의 첫 부분을 만들었다.

지도자인 목회자

그 다음에 스티브는 자기 손가락으로 밥의 종이 위에다 상상 속의 선을 그었다. "목회자의 역할들과 그 집단들이 서로 만나는 것은 당신이 그들이 맺고 있는 그런 종류의 관계를 기록한 곳입니다. 지도자인 목회자는 우선적인 영향력 제공자들인 회중, 직원, 그리고 당회와 관계를 맺습니다. 기억하십시오. 지도자들이나 지도력에 대한 내 정의의 중요한 부분은 영향력입니다. 각 집단은 목회자가 비전을 제시하고 대의를 분명히 하고 동료 군사들인 그들에게 고지를 점령하며 세상과 육신과 악마의 세력들을 패퇴시키도록 도전을 주기를 기대합니다. 목회자는 자신의 영향력을 사용하여 교회의 사명(대사명)을 성취하며 길 잃은 사람들과 구원받은 사람들의 삶에서 차이를 가져오게 해야 합니다."

"그거 흥미 있는 일입니다." 밥은 웃고 나서 머리를 흔들며 말했다.

행정가인 목회자

"다음으로 행정가인 목회자는 각 집단에 대하여 다른 관계를 맺습니다. 직원에 대하여 말한다면, 목회자는 그들의 고용주입니다. 그는 그들에 대하여 책임을 지고 있으며 그들은 그 앞에서 책임이 있습니다. 왜냐하면 그들은 그의 권위 아래 있기 때문입니다."

"그는 사장이군요!" 밥이 의견을 피력하였다.

"꼭 그렇다고 보기는 어렵죠. 그의 역할에 대한 그런 표현은 좀 지나칩니다. 그는 명령을 내리기는 하지만 그는 또한 종이기도 합니다. 직원들이 교회를 섬기는 일에 그들의 능력들을 가장 잘 발휘하도록 돌볼 책임이 있는 그런 사람입니다."

"이해할 수 있겠습니다." 밥이 말하였다. "그럼 당신은 제가 명령 내리기를 중지해야 한다고 말하고 있는 것이지요?"

스티브는 싱긋이 웃으며 말을 계속했다. "교회의 당회에 대해 말한다면, 목회자인 나는 피고용인입니다. 당회에 대하여 책임을 지고 그들의 물음에 답해야 하는 사람입니다. 그리고 우리 교회가 회중 정치 형태를 가지고 있기 때문에 나는 또한 회중의 피고용인이기도 합니다(다른 정치 형태를 가지고 있는 교회들은 여기서 다른 관계를 맺을 것입니다). 나는 당회를 통하여 회중 앞에서 책임을 집니다."

형제로서의 목회자

"마지막으로 형제로서의 목회자는 이 세 집단 모두에게 돌보는 자로서의 관계를 맺습니다. 그들이 그들의 영적, 감정적 필요들을 우리 공동체 집단들의 환경 안에서 해결할 수 있도록 도우려고 노력하는 사람이지요. 따라서 비록 목회자가 교회 내의 모든 사람들을 직접적으로 돌볼 수는 없다 할지라도 – 그런 일은 불가능할 것입니다 – 그는 그런 기구적 장치가 적당하게 되어져서 사람들이 가족으로서 돌봄을 받게 되도록 해야 할 책임이 있습니다.”

밥이 쓰기를 마쳤을 때 그는 다음과 같은 도표를 산출해 내었다.

목회자의 역할들

	지 도 자	행 정 가	형 제
직원	영향을 미치는 사람	고용인	돌보는 사람
당회	영향을 미치는 사람	피고용인	돌보는 사람
회중	영향을 미치는 사람	피고용인(정치에 따라 다름)	돌보는 사람

이 관계들을 분명하게 해야 할 필요성

“이 도표는 대단한 것입니다. 한 번만 보면 제가 교회에 있는 사람들과 좋은 관계를 유지하고 있는 곳이 어딘지를 알 수 있습니다. 예를 들면 저는 저와 행정 보좌역, 그리고 당회원 사이의 어디에서 분규가 발생하였는지를 알 수 있게 되었습니다. 그녀는 저의 머리 위를 지나서 당회원에게로 간 것이 잘못입니다. 피고용인인 그녀는 저에게 먼저 왔어야 했습니다. 그리고 고용인인 당회원은 그것을 당회에서 안건으로 내놓기 이전에 저에게 먼저 왔어야 했습니다. 그 당회원은 또한 그녀의 불평을 듣기 이전에 그 직원을 저에게로 보냈어야 했습니다.”

“그렇습니다. 그들은 모두 심각하게 실수를 한 것입니다. 그러나 나는 보다 더 작긴 하지만 당신 또한 실수를 했다고 믿습니다." 스티브가 경고하였다.

밥은 눈썹을 치켜 떴다. "스티브 목사님, 그말이 무슨 뜻입니까?"

"당신은 모든 사람이 이런 관계를 이해하고 있으며 당신이 어디에 선을 긋는지를 알고 있다고 가정한 것입니다."

"그건 사실입니다." 밥은 동의할 수밖에 없었다.

"내가 우리 교회에 처음 부임하였을 때 나도 똑같은 실수를 하였습니다." 스티브가 시인하였다. "이런 경계선들을 그을 필요를 드러나게 만든 불화가 발생하기에는 단지 시간만이 문제였을 뿐입니다.

"당신과 당신의 사람들과의 관계에서 중요한 또 다른 문제는, 당신이 그들과 관계를 할 때 당신이 어떤 모자를 쓰고 있다는 것을 그들이 안다는 것입니다." 스티브는 말을 이었다. "예를 들면, 행정 보좌역 같은 한 직원이 기대에 부응하는 업무 수행을 하지 못할 수가 있을 것입니다. 문제는 당신이 어떤 모자를 쓰느냐 하는 것입니다. 당신은 그에게 행정가로 다가가고자 합니까? 아니면 형제로 다가가고자 합니까? 여러 경우에 당신은 여러 방식으로 관계를 맺을 수 있을 것입니다. 처음에는 당신이 그 사람 곁으로 돌보는 형제 자격으로 다가가 문제를 살피고 교회뿐만 아니라 그에게 유익한 해결책을 서로 찾고자 할 수가 있을 것입니다. 그러나 만일 그 사람이 개선될 능력이 없다거나 그렇게 되고자 전혀 힘을 기울이지 않는다면 당신은 행정가의 모자를 쓰고 그에게 강력하게 경고를 하거나 심지어는 그를 해고할 필요가 있게 될 것입니다. 당신이 당신의 직원과 관계를 맺을 때 당신이 어떤 모자를 쓰고 있는지 당신이 말하고 싶어할 수도 있을 것입니다. 아무도 이해하지 못하는 몇몇 경우에 저도 그런 일을 해야만 했던 적이 있습니다. 마지막의 한 가지 내용입니다." 스티브가 시계를 들여다보며 말했다. "당신이나 나나 세 가지 역할에서 모두 잘 하게 되지 못할 것입니다 – 지도자, 행정가, 형제의 역할에서 말입니다. 예를 들면 당신은 영향을 주는 자와 돌보는 자로서는 훌륭하지만 고용인으로서는 그렇게 훌륭하지가 않을 수가 있습니다. 그건 이해가 가는 일입니다. 왜냐하면 한 사람이 세 분야에서 모두 능숙하기란 드문 일이기 때문입니다. 나의 조언은 당신의 강점 분야들과 한계점 분야들을 알라는 것입니다. 당신의 강점들에 집중하도록 하고 당신이 한계가 있는 곳에서는 은사가 있는 사람들로부터 도움을 받도록 하세요."

함께 기도한 후에 두 사람은 동시에 일어섰다. 스티브는 문까지 밥을 배웅하였다. "나는 당신이 당신의 사명을 개발하는 일을 시작하였는지를 묻지도 않았군요."

밥은 찡그렸다. "그건 또 다른 긴 이야기가 될 것입니다!"

"오늘 우리가 나눈 말이 어떻게 나아갈 것인가에 대하여 도움이 되었습니까?"

"그렇습니다. 실제로 저는 도움이 되었다고 생각합니다." 밥은 소망적인 얼굴로 말했다. "저는 제가 단지 영향을 주는 자가 되고자 애쓰기보다는 돌보는 자로서 당회에 접근할 필요가 있다고 생각합니다. 돌보는 것이 저의 강점입니다."

"훌륭한 통찰입니다." 스티브가 말했다. "어떻게 되어 가는지 다음 주에 말해 주십시오."

대의, 단체, 그리고 공동체라는 용어들은 내가 처음 쓴 것이 아니다. 비록 내가 그런 단어들을 반드시 동일한 방식으로 사용하는 것은 아니지만, 나는 그것들을 나의 친구이며 학급 동료였던 짐 데드머의 논문으로로부터 차용하였다. 그 논문은 다음과 같다. Jim Dethmer, "Moving in the Right Circles," *Leadership* (가을 1992): pp.86-91.

교회의 목적에 대하여 언급하는 성구들은 로마서 15:16와 고린도전서 6:20을, 교회의 사명에 대해서는 마태복음 28:19-29와 마가복음 16:1을, 그리스도의 교회를 세우는 것에 대해서는 마태복음 16:18을 보라.

수평적 구조와 시장에 관해서는, James A. Belasco and Ralph C. Stayer, *Fight of the Buffalo* (New York: Warner, 1993)을 보라.

제5장
목회자와 변화

Pastors and
Change

교회는 항상 변화의 신학을 필요로 하고 있습니다.

당신이 변화의 신학을 갖지 않으면 능동적이고 적극적으로 대처할 수 없습니다.

그 신학은 성경에 충실한 것이며 당신을 인도하여 변화의 과정을 지나게 할 것입니다.

<h1 style="text-align:center">제5장
목회자와 변화</h1>

Pastors and
Change

변화의 신학을 개발하라

"저의 회중, 직원, 그리고 당회와의 관계에 대한 지난 주의 논의 이후에 저는 제가 어떻게 사람들과 관계를 맺을까에 대하여 더 많은 관심을 기울이기 시작하였습니다. 저는 영향력을 미치는 사람이면서도 뒤에서 떠미는 사람이 되지 않는 것이 어렵다는 것을 발견하였습니다. 그것은 저의 성격 때문인 것 같습니다. 저는 그런 역할을 하고 있으면 마음이 편하지 않기 때문입니다. 저는 일을 만드는 것보다는 사람들이 더욱 중요하다고 스스로에게 자꾸 상기시키고 있습니다." 밥과 스티브는 커피포트 옆에 서서 커피를 타서 마신 후에 함께 그들의 여섯 번째 공부를 시작하였다.

"그렇습니다." 스티브는 동의하였다. "만일 하나님께 사람들이 중요하다면 그들은 반드시 우리에게도 중요해야 합니다. 그런데 당신은 당신의 사명에 대하여 뭔가 진전을 보았습니까?"

"그렇다고 말하고 싶습니다." 밥은 머뭇거리면서 말하였다. 그리고 커피에 설탕을 좀 더 추가하여 마셨다. "저는 그것에 대하여 많은 생각을 하었는데 당신이 제 생각들 중의 몇 가지를 살펴 주기를 원합니다." 스티브는 고개를 끄덕이며 밥이 다음 말을 하기를 기다렸다. "저는 제가 당회와 함께 천천히 움직이기로 작정하였습니다. 저는 제가 들어와서 모든 것을 변화시키려 한다고 그들이 생각하지 않기를 바라고 있습니다. 처음에 사명과 전략을 개발하려는 생각을 언급하였을 때 그들은 방어적 자세를 취하는 것 같았습니다. 그러면서 과거와 해 온 일에 대하여 말하기 시작했습니다."

"그건 통상적인 반응입니다." 스티브는 말했다. "그것은 변화를 두려워하는 것과 관련이 있습니다. 그러나 우리가 좋아하든 좋아하지 않든 변화는 일어나게 되어 있습니다. 21세기에서도 그것은 변함이 없을 것입니다. 그것은 사회의 다른 면뿐만 아니라 교회에도 영향을 미칩니다. 그러므로 우리는 그것에 대비할 필요가 있습니다. 오늘 그것에 대한 이야기를 할 것입니다. 나는 우리의 논의가 당신의 교회를 어떻게 앞으로 움직여 나아가야 하는지에 대하여 몇몇 생각들을 제공해 주리라고 기대합니다."

"당신이 알다시피 우리 사회에서의 변화는 큰 소용돌이입니다." 스티브가 말을 이었다. "그 소용돌이는 그에 대비하는 법을 알지 못하는 다른 기구들뿐만 아니라 교회들도 삼킬 수 있습니다. 나는 북미주에 있는 80 – 85%의 교회들이 정체 상태에 있거나 하향 곡선을 그리는 것은 그들이 나선형을 이루는 복잡한 변화에 대처하는 법을 모르고 있기 때문이라고 믿습니다. 많은 이들이 변화를 두려워하기 때문에, 변화에 대한 그들의 반응은 수동적입니다. 교회 안에 있는 누군가 – 종종 당회가 되지만 가끔은 목회자가 되기도 합니다 – 가 퇴각 나팔 소리를 울리면 모두들 물러납니다.

이 나라가 세워진 이후에 일어난 것보다 더 많은 변화가 20세기 후반과 21세기 초에 일어났습니다. 지금 우리는 주요한 변형을 경험하고 있습니다. 그것은 사회를 개편시키고 있습니다. 사회의 세계관, 기본적 가치들, 사회적 정치적 구조, 예술, 그리고 중요 기관들을 변화시킵니다. 곧 전적으로 새로운 세계(postmodern)가 존재하게 될 것인데 그것은 당신과 내가 살아 온 것과는 다른 세계일 것입니다.”

“그럴 것입니다.” 밥이 끼어들었다. “사람들이 변하고 있는 방식은 말할 것도 없고 모든 기술학적 발전들은 믿기 힘들 정도입니다. 그러나 역사 이래로 교회들은 변화에 대처해야 했지 않습니까? 그건 사도행전에서 분명하게 찾을 수 있으며 교회사를 읽을 때도 제가 받은 인상이었습니다.”

스티브는 끄덕였다. “그렇습니다. 그것이 바로 내가 교회가 항상 변화의 신학을 필요로 하고 있다고 주장하는 이유입니다. 그런데 이 필요는 장차 더 증대될 뿐입니다. 비극은 이 문제에 대하여 말하는 사람이 거의 없는 것처럼 보인다는 사실입니다. 나는 우리가 교회 안에서 변화를 다룰 때 능동적이고 적극적인 태도가 되어야만 한다고 주장합니다. 그것이 목사님 부부가 우리 교회를 방문하였던 주일 아침에 두 가지 예배들을 경험한 이유들 중의 하나입니다. 하나는 현대적 예배였고 다른 하나는 전통적 예배였지요. 그러나 당신은 변화의 신학을 갖지 않으면 능동적이고 적극적으로 될 수가 없습니다. 그 신학은 성경에 충실한 것이며 당신을 인도하여 변화의 과정을 지나게 할 것입니다. 오늘 학습에 대한 목표는 변화의 신학을 제시하고 당신과 함께 탐구하는 것입니다. 당신은 그것을 살펴 거기에 어떤 허술한 곳이 있는지 알아볼 수 있을 것입니다.”

"아니요! 그럴 것 같지 않은데요." 밥은 웃었다. "당신은 지금까지 이 모든 과제를 아주 잘 연구해 왔다고 저는 생각하고 싶습니다!"

스티브는 말을 이었다. "모든 기독교 기관은 그것이 교회 사역이든 패러쳐치(parachurch) 사역이든 '무엇이 변화해야 하고 무엇이 변화해서는 안 되는가?' 라는 고민스런 질문과 씨름해야 합니다. 우리 교회들에 대한 이 질문에 대답하기 위하여, 21세기에서 교회를 지도하는 우리들은 변화의 신학을 개발해야만 합니다. 나의 변화의 신학은 3F로 구성되어 있습니다. 그것은 Function(기능), Form(형태), 그리고 Freedom(자유)입니다."

"흥미롭습니다." 밥이 말했다. "기능이라는 말이 의미하는 것이 정확히 뭡니까?"

기능

"나는 당신에게 이 정의를 인식시켜 주기 원합니다." 스티브는 말했다. "준비되었습니까?"

기능의 정의

밥은 노트 몇 페이지를 넘겨서 깨끗한 면을 찾아 쓸 준비를 갖추고는 스티브를 쳐다보았다.

"나는 교회 기능들을 이렇게 정의합니다. 무시간적이고 변화하지 않고 타협이 불가능한 규칙들로서 성서에 기초하고 모든 교회들이 그들의 목적을 달성하기 위하여 추구해야 할 명령들이라고 말입니다."

밥은 스티브에게 그 정의를 다시 한 번 말해 달라고 청하였으며 그것

을 받아 적었다.

> 기능들이란 무시간적이고 변화하지 않고
> 타협이 불가능한 규칙들로서 성서에 기초하고
> 모든 교회들이 그들의 목적을 달성하기 위하여
> 추구해야 할 명령들이다.

특징들

"이것 중 얼마 만큼은 설명할 필요가 있습니다." 스티브가 말했다.

"그것들을 절대적인 것으로 만드는 기능들의 특징들 중의 몇 가지를 가지고 시작합시다. 첫 번째로, 그것들은 무시간적입니다. 교회가 있는 한 그것들은 반드시 현존해야 합니다. 그것들은 1세기 그리스도의 교회에서 사실이었으며, 21세기 교회에서도 계속해서 사실일 것입니다. 그리고 그것들은 교회가 지상에 존재하는 한 사실로 존재할 것입니다. 예를 들면, 한 기능으로서의 복음 전도는 1세기의 교회를 특징지었으며 그것은 21세기의 교회 역시 특징지어야 할 것입니다.

두 번째로, 기능들은 불변입니다. 하나님은 1세기 교회의 복음 전도나 예배 기능들을 만드신 다음에 그것들을 20세기나 21세기 교회를 위하여 변형시키지 않으십니다. 그리스도는 오순절에 그분의 교회를 위하여 어떤 기능들을 만드셨는데 그것은 그분께서 자신의 교회를 본향으로 데리고 가실 때까지 그대로 남아 있게 하실 것입니다. 따라서 얼마나 많은 변화의 소용돌이가 교회를 휩쓸고 지나가느냐 하는 것은 중요하지가 않습니다. 그 변화 때문에 본래의 기능들을 무시해서는 안 됩니다. 그것들은 지속적으로 남아 있어야 합니다.

세 번째로, 기능들은 타협이 불가능합니다. 1세기 교회들은 그들이 준수하거나 무시하고 싶은 기능들을 취사선택할 수 없었으며, 21세기 교회들도 마찬가집니다. 북미주의 많은 교회들은 내가 '벽감(壁龕)' 이라고 부르는 교회들입니다."

"당신의 그 말이 무슨 의미입니까?" 밥이 물었다.

"벽감 교회(niche church)란 어떤 특정의 사역 강점으로 잘 알려진 교회입니다. 예를 들면 '성경대〈Bible Belt〉' 안에 있는 보다 더 큰 도시들 중 여러 곳에서, 몇몇 교회들은 가정 사역과 어린이 프로그램 분야에서 강점이 있습니다. 몇몇 교회들은 카운셀링에 강점이 있습니다. 다른 교회들은 설교와 성경 교수법으로 또는 예배로 유명합니다. 교회들이 어떤 강점들을 가지게 되겠지만, 그리스도는 모든 교회들에게 제자를 삼으라고 명령하셨습니다. 벽감을 만들라고 명령하신 게 아닙니다. 교회의 성공은 벽감들이 아니라 제자들에 기초하고 있습니다."

"그럼 당신은 그들이 잘못되었다고 생각하십니까?" 밥이 물었다.

"그렇습니다. 저는 그들 중 아주 많은 교회들 안에서 복음 전도가 극히 미약하거나 전혀 존재하고 있지 않는 것이 불만입니다." 스티브는 자신의 관심사에 대하여 생각하는 동안 얼굴을 찌푸렸다. "그들은 무의식중에 복음 전도를 예배나 교육과 같은 다른 기능으로 대치해 버리는 일에 타협을 하였습니다. 그것은 그리스도의 대사명에 어긋나는 것입니다."

"그것 참 훌륭한 내용입니다." 밥이 말했다. "저는 그런 것에 대하여 생각해 본 적이 없습니다."

기초

"나는 이 모든 것을 성경에 기초하고 있습니다." 스티브가 대답하였다. "그리고 성경은 교회의 모든 기능들의 기반, 즉 기초입니다. 우리는 성경 안에서 그 기능들을 발견하게 됩니다. 그러므로 그것들은 성경적이어야 합니다." 스티브는 성경 디모데후서 3:16 – 17을 읽었다. "'모든 성경은 하나님의 감동으로 된 것으로 교훈과 책망과 바르게 함과 의로 교육하기에 유익하니 이는 하나님의 사람으로 온전케 하며 모든 선한 일을 행하기에 온전케 하려 함이니라.' 우리는 사도행전 2:42-47, 4:35, 그리고 6:4과 같은 서술적 단락들 안에서도 가능들을 찾게 됩니다. 디모데전서 4:13, 고린도전서 11:23-26, 그리고 골로새서 4:1-2은 (다른 성구들 중에서도 유난히) 교회에게 꼭 시행하여야 하는 것들에 대하여 말하고 있습니다."

용도

"그러므로 이 무시간적인 가능들은 교회를 위한 명령적 역할을 하겠군요." 밥이 말했다.

"그렇습니다. 무시간적이고 변화가 없고 성경에 기초하고 있기 때문에 그것들은 교회 사역의 규칙들을 이루고 있습니다. 만일 당신이 당신의 교회가 하고 있어야 할 것과 당신이 1세기 교회들과 함께 공통으로 가지고 있어야 할 것을 알기 원한다면, 교회의 기능들을 찾도록 하십시오. 그것들은 모든 교회 사역의 일부가 되어야 하는 절대적인 것들입니다."

의미성

"그러면 모든 교회들은 그들의 특수한 사역 벽감만이 아니라 이런 기능들을 추구해야 한다는 것입니다." 밥이 다시 끼어들었다.

"그렇습니다." 스티브는 동의하였다. "만일 한 교회가 복음 전도에서는 연약하고 성경 교육에서는 강력하다면, 복음 전도에서 보다 더 강력해지도록 열심히 노력할 필요가 있습니다. 만일 그 교회가 성경 교육에서는 약하나 예배나 복음 전도에서 강력하다면, 그 때는 성경 교육을 강화해야 합니다."

"저희 교회와 같은 교회들은 기능들의 목록을 작성하고 난 다음에 어떻게 행하고 있는지를 평가하는 것이 현명한 것 같군요."

"그렇습니다. 그러나 그렇게 하는 교회는 거의 없습니다." 스티브는 고개를 끄덕였다.

목적

"마지막으로, 교회의 기능들은 하나의 목적을 위해 쓰입니다. 교제, 복음 전도, 그리고 예배와 같은 기능들은 함께 역사하여 교회의 총체적인 목적을 달성시킵니다. 그것은 바로 하나님께 영광을 돌리는 일입니다."

밥은 스티브가 기능들에 대하여 그에게 준 정보로 도표 하나를 만들었다.

기능들

특징들	무시간적이고, 변화가 없고, 타협이 불가능한 규칙들(절대적인 것)
기초	성서에 기초함
용도	명령들(사역 규칙들)
의미	모든 교회들이 추구해야 하는 것(성경에서 발견됨)
목적	교회의 총체적인 목적을 성취함

기능들에 대한 몇 가지 예

"저에게 기능들에 대한 몇 가지 예를 들어 주실 수 있습니까?" 밥이 물었다. "저는 항상 예들이 개념을 이해하는 데 도움이 된다는 것을 발견했습니다."

기초적 기능들

"그렇습니다. 나는 사도행전 2:42-47을 언급하였는데, 철저한 것은 아니지만 그것이 기본적인 몇 가지 기능들을 묘사한다고 믿습니다. 그 기능들은 모든 교회들이 공통적으로 가지고 있는 것으로 신약의 다른 부분에서도 규정되어 있는 것들입니다. 그것들은 교육, 교제, 기도, 돌봄, 예배, 그리고 복음 전도입니다."

기구

스티브가 계속 말하는 동안 밥은 목록을 받아 적었다. "교회에서 거의 언급하지 않고 있는 한 가지 기능은 고린도전서 14:33,40과 골로새서

2:5에서 발견됩니다. 우리는 지난 번에 이것들을 보았는데, 거기서 바울은 기구의 중요한 기능에 대해 가르치고 있습니다. 내가 고린도전서 14:40을 읽겠습니다. '모든 것을 적당하게 하고 질서대로 하라.' 바울은 골로새에 있는 교회를 추천하고 있습니다. 왜냐하면 그 교회는 유기적이며 질서가 있었기 때문입니다."

의식들

"의식들은 또한 교회의 합법적인 기능입니다. 여러 교단들과 기구들이 그것들의 형태에 대하여 논쟁하지만, 대부분은 세례(우리가 신자로서 그리스도와 일체가 됨)와 성찬(우리가 그리스도를 기억함)이 극히 중요하고 우선적인 교회의 기능들이라는 데 일치합니다."

밥은 교회의 기능들에 대한 목록을 완성한 후 그것을 살펴보았다.

일반적인 기능들

교육	복음 전도
교제	기구
기도	세례
돌봄	주의 성찬
예배	

기능들의 발견

"당신은 무엇이 기능이고 무엇이 아닌지를 어떻게 알 수 있습니까?" 밥이 물었다. "그리고 당신은 무엇을 당신의 목록에 포함시킬 것인지를 어떻게 알아냈습니까? 당신은 어떻게 교회의 기능들을 발견합니까?"

"두 가지 방법이 있습니다." 스티브가 설명하였다. "첫 번째로, 기능들은 목적이지 목적에 대한 수단이 아닙니다. 두 번째로, 그것들은 교회가 지금 하는 일을 왜 하는지를 설명해 줍니다. 그러므로 내가 한 개념이 기능인지에 대하여 확신을 갖지 못할 때마다 나는 두 가지 질문을 해 봅니다. '이것이 목적에 대한 수단이 아닌 목적 자체인가?' 그리고 '우리는 왜 이 일을 해야 하는가?' 실제적으로 모든 기능들은 공통적인 목적을 가지고 있는데, 나는 그것을 나의 정의에다 포함시켰습니다. 그것은 하나님을 영화롭게 하는 것입니다. 그러나 나는 지금 그것에 대하여 말하고 있는 것이 아닙니다.

내가 당신에게 말해 준 예들 중 몇 가지를 다시 봅시다. 하나는 기도입니다. 기도는 하나님께 이야기하는 것입니다. 질문은 이런 것이 됩니다. '기도는 본질상 목적인가?' 만일 그것이 하나님께 말씀드리는 것을 의미한다면 그 때 그 대답은 '그렇다' 입니다. 다른 질문을 해 봅시다. '우리는 왜 기도하는가?' 그 대답은 '하나님께 이야기하기 위해서' 입니다. 그러므로 기도는 교회의 기능들 중의 하나로 간주되어야 한다고 나는 결정했습니다. 또 다른 것은 전도입니다. 전도는 그리스도에 대한 믿음을 통해 하나님과 영원한 관계를 맺는 것에 대하여 말하며 그렇게 하는 것 모두를 포함합니다. 그것은 목적입니다. 우리가 성취하도록 부르심을 받은 그 어떤 것입니다. 그것은 '우리가 왜 전도를 하는가?' 라는 질문에 대하여 답을 줍니다. 그러므로 그것은 교회의 한 기능입니다. 나는 기능들의 발견에 대하여 할 말이 이보다 훨씬 더 많이 있지만 내가 형태의 개념에 대하여 논의하게 되기까지 기다릴까 합니다. 그 때 우리는 그것에 대해 보다 더 탐구하게 될 것입니다."

형태

"나를 위하여 형태에 대한 정의를 내려 주시겠습니까?" 밥이 물었다.

형태들의 정의

"좋습니다. 형태들은 일시적이며 변화하고 타협이 가능한 관습으로서 문화에 기초하고 있으며, 모든 교회들이 그들의 기능들을 성취하기 위하여 자유롭게 선택할 수 있는 수단입니다."

"당신은 그 말을 반복해 줄 필요가 있습니다." 밥이 말했다. 그는 이 정의의 끝을 기억할 수 없었으므로 받아 적기를 멈추었다.

> 형태들은 일시적이며 변화하고 타협이
> 가능한 관습으로서 문화에 기초하고 있으며,
> 모든 교회들이 그들의 기능들을 성취하기
> 위하여 자유롭게 선택할 수 있는 수단이다.

특징들

밥이 준비를 갖추자 스티브는 계속 말하였다. "형태들의 특징들은 기능들의 그것들과 반대입니다. 그 특징들은 형태들을 절대적이지 못한 것들로 만듭니다. 그것들은 세 가지 특징들을 가지고 있습니다. 첫째로, 그 형태들은 일시적이거나 한시적입니다. 1세기 교회가 사역에서 사용한 형태들은 21세기 교회가 사용하는 것과 같을 수도 있고 다를 수도 있습니

다. 질문은 이렇습니다. '어떤 습관과 형태들이 우리가 다가가기를 원하는 사람들에게 가장 적합한 것인가?'

둘째로, 형태들은 변합니다. 나는 기능들은 불변하지만 형태들은 반드시 변한다고 말하고 싶습니다. 이것이야말로 교회 내에서 변화가 일어나게 하는 것입니다. 지도자들인 우리 목사들은 '시세를 알고 이스라엘이 마땅히 행할 것을 알고 있었던' 잇사갈의 사람들로부터 배울 수가 있습니다. 그 내용은 역대상 12:32에 나와 있습니다. 시간은 변하며, 비록 교회가 문화적으로 현 상태에 머무르고자 한다 할지라도 우리의 사역의 형태들은 반드시 변합니다. 기능들은 결코 변하지 않습니다만, 형태들은 반드시 변합니다.

그리고 셋째로, 형태들은 타협이 가능합니다. 타협이 불가한 기능들과는 다릅니다. 우리는 우리 교회에게 가장 좋은 형태들을 취사선택할 수가 있습니다. 그것들이 유용성을 다했다면 우리는 새로운 것들을 선택하곤 합니다. 교회에서, 전통적인 예배가 우선적으로 보다 더 오래된 세대들에게 어필했습니다. 그러나 나는 타협적으로 두 번째의 예배를 시도하였는데, 그것은 보다 더 현대적 양태의 예배를 사용하고 있으므로 우리가 보다 더 젊은 세대에게 접근할 수 있게 될 것입니다. 그 젊은 세대는 지금까지 고등학교만 졸업하면 교회 출석을 그치곤 하였습니다. 흥미 있는 것은 자유적인 교회들이 기능과 형태를 바꾸어 놓았다는 점입니다." 밥이 끼어들었다.

"그 말은 무슨 뜻입니까?" 스티브가 물었다.

"자유주의적인 교회들은 기능들을 일시적이고 변화하고 타협 가능한 것으로 취급했습니다만, 형태들은 무시간적이고 변화하지 않으며 실제적으로 타협이 불가능한 것으로 취급해 왔습니다. 그러는 한편 그들은 현대 시대에 적절하게 대응하려는 노력의 일환으로 성경에 대한 믿음을 저버렸습니다. 또 다른 한편으로 효용성을 잃어 가는 듯한 옛 관습에 집착해 왔습니다. 그들은 양쪽에서 다 손해를 보고 있습니다."

"그건 훌륭한 관찰입니다." 스티브가 말했다. "그리고 그들은 그로 인하여 고통을 당해 왔습니다. 주류 교단들은 20세기 후반에 교인들을 가장 많이 잃어버렸습니다. 그리고 나는 당신이 그 손실 이유의 일부를 파악했으리라고 생각합니다."

기초

"이제 형태들의 기초에 대하여 말하고자 합니다. 교회의 기능들의 기초가 성경인 반면에 교회의 형태들의 기초는 문화입니다. 만일 우리의 교회들이 문화의 사람들에게 다가가고자 한다면 그들의 문화를 이해할 필요가 있을 것입니다. 나는 이와 관련하여 다음 주에 회합을 가질 때 문화에 대하여 보다 더 이야기 하고자 합니다. 전형적인 그리스도인은 문화와 관련이 있는 것은 어느 것이나 자동적으로 나쁘다는 가르침을 받아 왔습니다. 그러나 단순히 그런 것만은 아니며 그것은 성경과 부합하는 자체도 아닙니다. 문화가 다 나쁜 것은 아니기 때문입니다.

교회는 문화적 형태들을 통해서 교회의 진리들을 표현합니다. 나의 주장은 그 문화적 형태들은 이해 가능한 것들이며 우리가 섬기는 사람들에게 합리적인 의미를 갖게 만드는 것이라는 얘깁니다. 그렇지 않다면 우리는 의사 소통을 하지 못할 것입니다."

"그것은 선교 분야에서는 확실히 사실입니다." 밥이 첨언하였다. "그런데 북미주는 선교의 장이 되었습니다."

용도

"기능들은 교회를 위한 명령으로서의 역할을 하며 형태들은 수단의 역할을 합니다. 형태들은 교회가 그 기능들을 성취하는 수단이 됩니다. 한편으로 예배는 하나의 기능입니다. 다른 한편으로 현대적 예배 형식은 사역의 관습, 즉 수단입니다. 동일한 말이 전통적인 형식에도 적용됩니다. 그게 바로 교회의 예배 형식을 바꿔도 좋다는 이유입니다. 왜냐하면 그것은 목적에 대한 수단이지 목적 자체가 아니기 때문입니다. 당신이 예배의 기능을 내던지지 않는 한, 당신이 어떻게 예배하느냐를 변화시킴에 있어서 성경적으로 볼 때 자유롭습니다."

"그렇습니다만, 교회의 나머지 사람들이 당신의 변화에 동의하도록 확실히 해 두어야 할 것입니다." 밥이 한숨쉬며 말하였다.

"그건 말할 필요도 없지요. 나의 요점은 많은 사람들이 현대적 형식이, 예를 들면 기타나 드럼들을 사용하는 형식이 그릇되다고 믿고 있다는 것입니다. 심지어 어떤 이들은 그것이 비성경적이라고 믿고 있습니다만 그렇지가 않습니다."

밥은 그가 이미 만들어 놓은 도표에다 형태들에 대한 기둥 하나를 첨가하고 있었다. "이제 다음에는 형태들의 의미입니까?" 그는 물었다.

의미

스티브는 싱긋이 웃었다. "그렇습니다. 교회의 기능들은 성경에 기반을 둔 절대적인 것들로서 교회의 사역에 대한 명령의 구실을 합니다. 그러므로 그 의미는 모든 교회들이 어떤 특별한 벽감이 아니라 기능들을 추구해야만 한다는 것입니다. 그러나 교회의 형태들이 문화에 기초를 둔 비절대적인 것들이고 사역에 대한 수단 역할을 하고 있으므로, 그 의미는 모든 교회들이 그들의 사역을 수행함에 있어서 그들에게 가장 잘 적용하는 형태들을 선택할 자유가 있다는 것입니다. 그러나 이 자유는 지혜와 혼합되어야 합니다. 교회가 자유롭게 할 수 있는 것과 지혜로운 것은 항상 동일하지 않을 수 있습니다. 나중에 자유에 대하여 보다 더 이야기할 작정입니다."

목적

"이제 형태들의 목적에 대하여 말하겠습니다. 나는 전에 교회의 기능들은 교회의 목적을 달성하기 위하여 존재한다고 말하였습니다. 그 목적이란 하나님을 존귀하게, 다시 말해 영화롭게 하는 것입니다. 교회의 형태들은 교회의 기능들을 성취하기 위하여 존재합니다. 당신은 '형태는 기능을 따라간다.' 는 말을 들었을 것입니다. 나는 형태는 기능에게 봉사한다고 말하고 싶습니다. 고린도전서 9:22에서 바울이 어떻게 말하고 있는지를 기억하십시오. '약한 자들에게는 내가 약한 자와 같이 된 것은 약한 자들을 얻고자 함이요 여러 사람에게 내가 여러 모양이 된 것은 아무쪼록 몇몇 사람들을 구원코자 함이니.' 그의 목표는 사람들을 그리스도께로 데려오는 것(하나의 기능)이었으므로 필요한 모든 수단을 동원하여 그 일을 하고자 하였던 것입니다. 기능들이 운전석 – 그것들이 마땅히 있어야 할 자리입니다 – 에 앉아 있을 때, 그 교회는 그 기능들을 확인할 수 있습니다. 따라서 반복적으로 '각 기능을 가장 잘 성취하는 형태들은 무엇인가? 질문하게 됩니다. 기능들 중의 하나가 복음 전도이므로, 교회는 '우리가 어떻게 하면 길 잃은 사람들에게 가장 효과적으로 다가갈 수 있는가?' 라고 물어야 할 것입니다. 그 대답은 복음 전도에 대한 여러 형태나 방법들이 됩니다.

이런 기능들은 문화의 변천을 따라 바뀌게 되며 또 바꿔야 한다는 것을 기억하는 것은 중요합니다. 여러 가지 방법들이 그 본질상 나쁜 것은 아니지만, 얼마 후에 그것들은 그 유용성을 다하게 될 수가 있습니다. 그것이 바로 내가 '선반 생명' 이라고 부르는 것입니다. 그러므로 지금은 또 다른 보다 더 유효한 방법을 선택해야 할 때입니다. 그러나 전형적 교회의 경향은 교회의 기능들을 교회가 그 기능들을 성취하기 위하여 사용하는 문화적 형태들과 동일시하는 것입니다."

"저희 교회가 지금 바로 그 위치에 처해 있다고 생각합니다." 밥이 말했다. "그들은 일을 하는 유일한 길은 교회가 문을 연 이후에 지금까지 해오고 있는 바로 그 방식이라고 생각하고 있습니다."

"어떤 교회가 형태와 기능을 혼동할 때, 변화는 불가능하지 않다 할지라도 어렵게 됩니다. 따라서 그 교회는 하강하기 시작합니다. 이 문제에 대한 해답은 당신이나 나와 같은 목회자들이 이 주제에 대하여 우리 교회들을 가르치고 훈련시켜 열린 손으로 그들의 형태들을 움켜쥐게 만드는 것입니다. 정기적 교회 평가 프로그램은 교회들이 이런 목표를 성취하는 데 도움을 줄 것입니다. 왜냐하면 훌륭한 감사가 평가하는 것들 중 하나는 교회의 방편들이기 때문입니다."

스티브가 말을 마쳤을 때 밥은 그의 도표의 두 번째 기둥을 마쳤다.

	기능들	형태들
특징들	무시간적이고, 변화가 없고, 타협	일시적, 변화 가능, 타협이 가능(상대적)
기초	성서에 기초함	문화에 기초함
용도	명령들(사역 규칙들)	방법들(사역 관습)
의미	모든 교회들이 추구해야 하는 것	모든 교회들이 자유롭게 선택할 수 있음(성경과 일치함)
목적	교회의 목적을 성취함	교회의 기능들을 성취함

형태들에 대한 몇 가지 예

"저는 이제 형태들을 이해하고 있다고 생각합니다." 밥이 말했다. "특히 당신이 형태들을 기능들과 비교해 주었을 때 그랬습니다. 그러나 몇 가지 예들을 들어보면 어떨까요?"

"좋습니다. 우리가 기능들에 대하여 사용했던 바로 그 세 가지 범주들을 사용하도록 합시다. 그리하여 그것들을 어떤 형태들과 연계시켜 보도록 합시다."

기본적 형태들

"우리는 앞에서 사도행전 2:42-47에서 예루살렘 교회는 많은 기능들에 몰두해 있었음을 주목했습니다. 가르침, 교제, 기도, 돌봄, 예배, 그리고 복음 전도에 말입니다. 이 기능들 각각에 대하여, 그것들을 성취하기 위한 많은 형태들이 존재합니다.

다시 복음 전도에 초점을 맞춰 봅시다. 수년에 걸쳐서 교회들은 복음 전도를 수행하기 위하여 다수의 방법들이나 형태들을 개발하였습니다.

신약에서 베드로는 특히 여러 개의 복음 전도적 메시지들을 설교하였는데 그것들은 많은 사람들이 구세주께로 다가오는 결과를 가져왔습니다. 20세기 초에 빌리 선데이, 디 엘 무디, 그리고 빌리 그래함 같은 복음 전도자들은 그들의 은사를 사용하여 복음 전도 운동을 전개하였습니다.

또 다른 형태의 복음 전도는 직접 대면하는 것입니다. 이것은 집집마다 찾아다니거나 공적인 장소에서 복음을 가지고 사람들을 대면하는 것을 포함합니다. 세 번째 형태는 친교 복음 전도인데 이것은 그들에게 복음을 전하기 전에 사람들과 관계를 형성시키는 것의 중요성을 강조하는 것입니다. 그 다음에는 플로리다의 포트 로더데일에 있는 코럴리지 교회에 의하여 개발된 접근법이 있는데 이는 직면 전도법과 친교 전도법을 조합시킨 것으로 복음 전도 폭발이라고 불립니다.

그러나 우리는 21세기가 시작되는 시점에서 이런 형태들이나 방법들의 몇 가지가 과거처럼 그렇게 유효하지 않다는 점을 발견하게 됩니다. 특히 새롭고 보다 더 젊은 세대의 북미주 사람들에게 다가가는 데 있어서는 그렇습니다. 그러므로 하나님은 복음 전도의 다른 방법들을 사용하고 계십니다. 그런 또 하나의 방법이 스티브 조그렌 목사가 쓴 책 〈친절의 음모〉에서 발견되었습니다. 그와 그의 교회는 한 형태의 복음 전도를 시행하고 있는데, 그것은 그들이 불신자들을 위하여 친절한 행위를 하도록 만드는 일을 포함합니다. 물론 그 대가를 기대하거나 대가로 아무 것도 받지 않고 하는 일입니다. 이 복음 전도 방법은 가장 도움이 됩니다. 왜냐하면 교회 내의 그 누구도 다른 사람을 위하여 친절 행위를 할 수 있기 때문입니다. 이웃의 잔디밭을 깎아 준다든지, 교회의 후원으로 운영되는 무료 세차장에서 차를 세차해 준다든지, 집에 페인트칠을 해 준다든지, 시장

바구니를 들어다 준다든지, 무료로 음료수를 나눠 준다든지 하는 등등의 일을 할 수 있다는 말입니다."

"저도 그런 방법에 대하여 들은 적이 있습니다." 밥이 말했다. "그것은 효과적일 것처럼 보입니다. 거의 모든 사람이 값없이 도와 주는 것을 좋아하거든요!"

그들은 함께 웃었다.

"정보 시대가 도래하였으며 컴퓨터를 둘러싸고 정보 기술이 신속히 개발되고 있으므로 복음 전도를 행하는 일에 대하여 새로운 분야의 문이 열릴 것입니다." 스티브는 계속 말했다. "예를 들면, 컴퓨터도 인터넷이 연결되어 몇몇 교회들은 복음 전도를 위한 웹 사이트를 개발하거나 개설했습니다."

밥은 스티브가 언급한 복음 전도의 형태들의 목록을 작성하였다.

복음 전도의 형태들

기능	형태들
복음 전도	전도 집회
	가가호호 방문
	우정 전도
	친절 행위
	웹 사이트

조직

"내가 앞에서 얘기했듯이, 바울이 고린도전서 14:33, 40과 골로새서 2:5에서 강조하고 있는 또 다른 기능은 조직입니다. 질문은 '어떤 형태들이 조직을 갖추거나 성취하는가?' 입니다. 바울은 고린도전서와 골로새서에서 조직, 즉 교회 정치를 찬성하고 있습니다. 수년에 걸쳐서 교회들은 세 가지 기본적인 형태들을 확고히 하였습니다. 감독제, 장로제, 그리고 회중제의 정치 형태입니다."

"이런 형태들 중의 하나가 다른 것보다 더 성경적입니까?" 밥이 물었다.

"그거 좋은 질문입니다. 감독들에 의한 교회 정치를 믿는 사람들은 사도행전 15:13 - 21과 같은 구절들을 사용하는데 거기에서 야고보는 자신의 지위를 위한 논쟁에서 큰 권위를 행사합니다. 장로제 형태를 선택한 교회들은 사도행전 15:1-35에 예루살렘 총회에서의 나오는 장로들의 역할을 응용합니다. 또한 디모데전서 3:4-5과 5:17 같은 단락들을 사용하기도 합니다. 회중 통치를 주장하는 교회들은 사도행전 6:3-5, 15:12,22-23,25과 신자의 제사장 제도와 같은 교리들을 사용합니다."

"그리고 우리는 지금 조직의 형태에 대하여 이야기하고 있으므로, 우리는 우리가 원하는 것을 마음대로 선택할 수 있습니다. 맞습니까?"

"그렇습니다." 스티브가 동의하였다. '나의 견해로는 세 가지 모두 효과적인 형태들로 교회들이 응용할 수 있을 것으로 보입니다. 문제는 어떤 형태가 개발 단계에 있는 이 시점에서 교회의 목적에 가장 어울리겠느냐 하는 것입니다. 몇몇 사람들은 초대 교회들 모두가 단 하나의 가장 좋은 형태를, 오직 그것만을 사용하였다고 가정하는데 이는 그릇된 견해입니다. 이것은 침묵으로부터 도출해 낸 주장입니다."

다시 밥은 자기 노트에다 목록을 작성해 두었다.

조직의 형태들

기능	형태들
조직	감독제
	장로제
	회중제

성례전

"우리는 세례와 성찬이라는 성례전이 교회의 중요한 기능이라는 것을 알고 있습니다. 나는 이런 기능들을 성취하기 위한 여러 개의 다르고 합법적인 형태들이 있다고 믿습니다. 당신이 알다시피, 수세기에 걸쳐서 침수례, 분수례, 그리고 퍼붓는 것이 인정된 전통적 형태의 세례들입니다. 많은 사람들은 침수례가 성경적으로 올바른 형태라고 주장하며 그것은 기독교계 전체를 일반적인 관습이었다고 주장합니다."

"그것은 강력한 주장이 아니지요, 그렇죠?" 밥이 물었다.

"그렇습니다. 그것은 강력한 논쟁은 아닙니다. 분명히 침수례는 세례의 의미를 가장 잘 그리는 것일 것입니다. 그것이 바로 우리 교회에서 새 신자들을 침수례 하는 이유입니다."

"저도 그렇게 합니다. 동일한 이유에서입니다."

"그러나 그런 주장은 다른 양태들을 합법적인 세례가 아니라고 부인할 만큼 그렇게 강력한 것은 아닙니다. 특히 어떤 사람이 물에 잠길 수 없는 상황에서는 그렇지요. 병이 걸렸다거나 물이 부족할 경우와 같이 말입니다."

"나는 목회자들이 성찬의 합당한 요소들이 무엇인지에 대하여 논쟁을 벌인다는 얘기를 들었습니다." 스티브는 말을 이었다. "어떤 이들은 그리스도께서 성찬식을 제정하셨을 때 그것은 유월절 때였다고 주장합니다. 그러므로 그는 오늘날의 마쪼(유대인의 밀가루 빵–역자 주)에 해당하는 누룩이 들지 않은 빵을 사용하신 것이 틀림없다고 주장합니다."

"그러나 그 구절은 규범적인 것이 아닙니다, 그렇죠?" 밥은 질문을 하였다.

"맞습니다. 규범적인 것이 아닙니다." 스티브가 말했다. "구세주는 교회가 그분을 기억하면서 성찬식을 거행해야 한다고 명령하셨지만 그분은 우리가 누룩이 들지 않은 빵을 사용해야 한다고 명령하신 것은 아닙니다. 또한 그분은 우리에게 술을 마시라고 말씀하지도 않으셨습니다. 그 구절의 말씀은 우리가 포도주나 포도즙이나 또는 어떤 종류의 발효되지 않은 포도주를 사용하라고 명령하지 않습니다. 우리는 교회에서 포도즙을 사용하는데, 우리 교인들 중 많은 이들이, 특히 새신자들 중의 몇몇이 알코올을 되찾고 있기 때문입니다."

"저희도 포도즙을 사용합니다." 밥도 따라 말했다. "그러나 다른 그 어떤 것보다도 전통적으로 그래 왔기 때문입니다."

스티브와 밥이 성례전에 대한 논의를 마쳤을 때 전화가 왔다. 스티브는 전화를 받았고 밥은 그 시간을 이용하여 성례전의 형태에 대한 목록을 작성하였다.

성례전의 형태들

기능	형태
세례	침수례, 분수례, 퍼붓기
성찬	포도주, 포도즙, 마쪼, 빵

형태들의 발견

"다음 약속을 확인시키는 비서의 전화였습니다." 스티브가 말했다. "나는 45분 후에 우리 집사님들 중의 한 분의 집으로 가야 합니다."

"우리가 여기서 그만 두어야 할까요?" 밥이 물었다.

"아닙니다. 마쳐 보도록 합시다. 그렇게 하면 우리가 곧 바로 문화에 대하여 대화를 시작할 수 있을 테니까 말입니다. 나는 형태들을 발견하는 것에 대하여 몇 마디만 하고 싶습니다."

"사람들은 종종 무엇이 형태이고 무엇이 기능인지를 어떻게 알 수 있느냐고 묻습니다. 어떤 경우에는 구분하기가 쉽지만 다른 경우에는, 그렇게 쉽지가 않습니다. 우리가 교회의 기능들을 발견하는 것에 대하여 말을 하고 있을 때 우리는 두 가지 질문을 사용하였다는 것을 기억하십시오. 이것은 '수단에 반대되는 목적인가?' 그리고 '당신은 왜 그 일을 하는가?' 입니다. 우리가 교회의 기능들을 발견하는 일을 돕는 유사한 질문 두 가지가 있습니다. 그것은 '목적에 대한 수단인가?' 그리고 '당신은 어떻게 당신이 하는 일을 하는가?' 또는 '어떻게 당신은 특수한 기능을 수행할 작정인가?' 입니다."

"내가 당신에게 몇 가지 예를 말하겠습니다. 세례는 기능입니다. 왜냐하면 그것은 우리가 그리스도와 하나가 된 것을 나타내기 때문입니다. 그러나 당신은 이것을 어떻게 압니까? 그 대답은 그것이 그리스도와 하나가 되는 것을 상징한다는 것입니다. 그리고 그 사실이 그것을 본질상 하나의 목적으로 만듭니다. 그것이 세례의 의미입니다. 그러나 세례의 다양한 형태나 양식들(침수례 등등)은 목적이 아니고 목적에 대한 수단입니다. 예를 들면 우리가 사람들을 침수시키는 것은 단순히 그들을 가라앉히기 위함이 아닙니다. 그렇게 한다면 침수례를 본질상 하나의 목적으로 만들 것입니다. 다른 형태들은 물론 침수도 목적에 대한 수단입니다. 그 목적이란 그리스도와 하나가 되는 것(세례의 의미)입니다.

두 번째 질문은 이것입니다. '당신은 어떻게 사람들에게 세례를 줍니까? 그 대답은 형태입니다. 침수, 분수, 퍼붓기 등과 같이 당신과 당신의 교단이 받아들이는 모든 형태들입니다.

성경적 진리를 가르치는 것을 고찰해 봅시다. 사도행전 2:42에 나오는 사도들의 교리를 가르치는 것과 같은 일을 말입니다. 이 상황에서 가르친다는 것의 의미는 성경적 진리의 전달입니다. 그것은 본질상 합법적인 목적입니다. 그러나 이 목적에 대한 수단이 되는 가르침의 형태들은 여러 개가 존재합니다. 하나는 교회 예배나 어떤 성경 공부반에서와 같이 공적인 연설입니다. 또 다른 하나는 여러 사람들이 가르치며 많은 상호 작용이 있는 곳에서 대화를 통하여 이루어지는 가르침입니다. 두 가지 모두 '당신은 어떻게 가르치려 합니까? 라는 질문에 대한 대답이 됩니다."

스티브는 시계를 힐끗 보고는 그들이 변화에 대한 그의 신학을 마무리하는 시간을 가져야 하겠다고 마음먹은 후 이어서 말하였다.

자유

"변화에 대한 나의 신학에서 3F의 세 번째 것은 자유입니다."

"저는 우리가 이것을 위한 시간을 가지게 된 것이 매우 기쁩니다." 밥이 말했다. "저는 자유가 어떻게 당신의 신학에 어울리게 되는지 궁금합니다."

의미들

스티브는 야고보서를 펴면서 미소지었다. "두 군데서 야고보는 그가 '완전한 율법' 이라고 부르는 성경이 우리에게 자유를 준다고 분명하게 진술합니다. 그것은 야고보서 1:25과 2:12에 있습니다. 이 말은 형태의 영역에 적용되는 게 분명합니다. 왜냐하면 교회들은 기능을 성취하기 위하여 형태를 선택할 자유가 있기 때문입니다. 모든 교회들은 성령의 인도 아래서 그들이 교회의 기능들을 성취하는 데 가장 알맞다고 생각하는 형태들이나 방식들을 선택할 자유가 있습니다. 왜냐하면 형태들은 절대적인 것이 아니기 때문에, 각 교회는 그들이 어떻게 교회 일을 행하느냐에 있어서 광범위한 자유를 가지고 있습니다."

"알았습니다. 저는 이제 그것을 이해할 수 있습니다." 밥은 고개를 끄덕였다.

제한 사항들

"그러나 우리가 교회 정치 또는 정체(政體)와 같은 어떤 개념을 성취하는 올바른 길이 하나밖에 없다고 가정하면 우리는 자유를 제한하게 됩니다. 예를 들면 우리가 교회의 정체(감독제, 장로제, 그리고 회중제)에 대하여 여러 견해들을 발견하게 될 때 우리는 하나만이 올바른 견해라고 가정하고는 그것을 찾기 시작할 것입니다. 처음에는 그것이 괜찮습니다. 그러나 성경적인 증거를 탐구한 후에 만일 우리가 올바른 견해가 단 한 가지만이 아니라는 것을 발견하게 된다면, 그 때 우리는 이것들은 형태들이며 따라서 여러 가지 다른 형태들이 합법적일 수 있다는 생각에 대하여 마음을 열어야만 합니다. 그렇게 하면 우리는 절대적이지 않은 것에 대하여 우리가 적당하다고 생각하는 형태를 사용할 자유를 갖게 될 것입니다."

한계성

"나는 형태들을 선택할 수 있는 자유에 영향을 미치는 제한 사항으로는 오직 두 가지만을 생각해 낼 수 있을 뿐입니다. 형태들은 반드시 성경과 조화를 이루어야 합니다. 이 말의 의미는 그것들이 성경에서 발견할 수는 없다 할지라도 형태들은 성경의 가르침과 어떤 식으로든 배치되거나 부조화를 이루어서는 안 된다는 것입니다. 그럴 때 우리는 성령이 관련된다는 것을 알게 됩니다. 신약은 한계를 정하고 있으며, 각각의 개 교회들은 성령 아래서 그 한계 안에서 섬길 자유를 가지고 있습니다. 두 번째 제한 사항은 우리의 형태들 – 기능이 무엇이든지 간에 – 은 우리가 그 절대적인 것들을 성취하고 그리스도

안에서 성장하는 데 도움을 주어야만 한다는 것입니다. 그런 일이 발
생하지 않으면, 우리는 반드시 보다 더 실행 가능한 다른 형태들을
찾고 채택해야 할 것입니다. 프랜시스 쉐이퍼의 말을 길게 인용한 것
이 있는데 그것은 우리가 변화에 대하여 말해 온 것에 대해서 언급합
니다." 스티브는 그 인용문을 읽었다. "시대가 변하는데도 성령을 좇
아서 변할 수 없다는 것은 추악한 일이다. 동일한 것은 교회 정체(政
體)와 관습에도 적용이 된다. 우리 시대와 같이 신속하게, 전적으로
격변하는 시대에서, 절대적이지 않은 것들을 절대적인 것들로 만드
는 것은 제도적이고 조직화된 교회의 소외와 사망만을 보장해 줄 뿐
이다."

기도한 후에 그들의 다음 약속에 너무 늦지 않기를 바라면서 두 사
람은 서둘러 자기들의 차로 달려갔다.

이 장에서 제시된 변화의 신학은 해석학을 포함하는 보다 더 큰 그림의 일부이다. 어느 정도까지는 사역은 해석학이다. 목회자들은 그들이 그들의 교회에서 무엇을 할 수 있는지와 무엇을 할 수 없는지를 결정할 필요가 있다. 그 대답은 교회가 "하는 것"에 대한 좋은 해석학 안에서 발견된다. 나는 모든 목회자들이 나의 책 *Doing Church: A Biblical Guide for Leading Ministries through Change* (Grand Rapids: Kregel, 1999)을 읽기를 추천한다. 그 책은 이 장에 나오는 정보를 보다 심층적으로 담고 있다. 그것은 내가 아는 한, 목회자들이 그들의 교회가 무엇을 통하여 성경에 일치하는 일을 할 수 있으며 또 그렇게 할 수 없는지를 생각하도록 돕는 유일한 책이다.

교회의 목적은 하나님을 영화롭게 하는 것인데, 로마서 15:16, 고린도전서 6:20, 10:31, 디모데전서 1:17에서 발견하게 된다.

교회의 성례전에 대한 관련 성구들은 로마서 6:3-5(세례)와 고린도전서 11:23-26(성찬)이다.

베드로의 복음 전도적 메시지는 사도행전 2:14-41, 3:11-4:4에서 발견된다.

목사 스티브 지오그렌의 복음 전도 방법에 대해서는, 그의 책 *Conspiracy of Kindness* (Ann Arbor, Mich.: Servant, 1993)을 보라.

신자의 제사장직의 교리는 히브리서 10:19-22, 베드로전서 2:5, 9에 기초하고 있다.

프랜시스 쉐이퍼의 인용문은 그의 책 *The Church at the End of the Twentieth Century* (Wheaton: Crossway, 1970, p.68)로부터 나온 것이다.

제6장
목회자와 문화

문화를 해석하는 것은 그 문화를 이해하는 데 도움이 될 것입니다.
그것과 관련하여 무엇이 선하고 무엇이 악한지를, 그리고 어떻게 하면
그것의 일부가 되어 있는 사람들을 잘 섬길 수 있는지를 분변하는 것입니다.

<h1 style="text-align:center">제6장
목회자와 문화</h1>

Pastors and
Culture

문화의 신학을 개발하라

　스티브 목사와 밥 목사는 여름 이전에 있을 그들의 마지막 모임을 위하여 함께 있었다. 그들은 그들의 열정적인 여름 스케줄에 비추어 볼 때 가을까지는 쉬어야 할 것이라고 결정했다. 밥에게 있어서 스티브의 정보와 격려는 무한히 가치가 있었으며 그는 이미 그가 자신의 직원, 당회, 그리고 회중의 관계에서 진전을 이루어 가고 있다고 느꼈다. 그리고 그는 스티브의 보다 더 많은 조언을 통해 유익을 얻게 되리라고 확신하고 있었으므로 그들의 모임이 9월에 다시 시작될 것을 바라고 있었다.

　한 여름처럼 느껴지기 시작하는 이른 아침에 함께 있는 동안, 밥은 스티브에게 그가 해 준 모든 일에 대하여 감사하였다. "목사님이 저에게 너무도 많은 일거리를 주셨기에, 우리가 9월 이전에는 다시 만나지 않는 게 좋을 듯합니다. 이 기간은 저에게 우리가 모임들 중에서 나눈 얘기들을 실행할 수 있는 시간적 여유를 줄 것입니다. 저는 변화에 대한 자료와 같은 것들 중 일부를 즉시 적용할 수 있을 것입니다. 그러나 우리의 가치들을 발견하고 사명과 전략을 개발하는 데서 아직 저희 교회와 함께 노력하는 과정 중에 있습니다. 여름이 끝날 때까지 보여 드릴 것이 있을 것입니다."

"나는 당신이 반드시 그렇게 하리라고 확신합니다. 일단 당신이 모든 사람으로 하여금 동일한 방향으로 움직이도록 한다면, 전 과정이 매우 신속하게 진행될 것입니다." 스티브는 커피포트를 슬쩍 쳐다보았다. "커피가 준비된 것 같으니 당신이 가져 온 도넛들 중의 하나를 먹을 준비가 됐습니다."

그들이 커피 잔과 설탕 바른 도넛들을 냅킨에 싸서 들고 다시 의자에 앉았을 때, 스티브는 말하였다. "이제 우리 문화의 신학에 대하여 말해 봅시다. 나는 21세기 초에 교회들이 문화의 신학을 개발해야만 한다고 주장하는 바입니다. 아마도 당신은 그것이 하나도 새로운 것이 아니라고 생각할는지 모르는데, 당신 생각이 옳습니다. 오순절에 교회가 시작된 이후 늘 교회는 문화의 신학을 필요로 하였습니다. 이것은 교회가 지상에 존재하는 한 계속될 필요가 있습니다."

"저는 당신이 말하고 있는 것을 이해합니다만, 분명하고 일관성이 있는 문화의 신학을 뚜렷하게 말할 수 있는 교회들을 알고 있지 못합니다." 밥이 말했다. "물론 저는 지난 몇 주 전까지만 해도 그것에 대하여 생각해 본 적이 없었습니다. 지난 몇 주 동안에 당신은 전통, 해석학, 그리고 변화에 대하여 말하기 시작했지요."

"내 경험상으로 볼 때 대부분의 목회자들이 신학교에서 훈련을 받은 경우라도 문화의 신학을 통하여 생각해 본 적이 없다는 것입니다. 사람들은 교회 내에서 그것에 대하여 생각하는 경향이 보다 더 감소

한 듯 합니다. 몇몇 사람들이 무의식적인 차원에서는 아주 직관적으로 해 왔기는 하지만, 대부분은 의식적인 차원에서 그것에 대하여 생각하지 않고 있습니다. 그러나 변화가 우리 교회들을 휩쓸고 지나가는 동안, 그리고 우리가 보다 더 많은 문화와 다른 문화에 접하게 되는 동안, 우리는 불가피하게 실제적인 사건들과 의문들에 직면하게 될 것입니다. 그 문제들은 성경적인 문화의 신학만이 다룰 수 있습니다. 예를 들면, 그리스도인인 우리가 어떻게 문화와 관련을 맺고 있습니까? 문화가 무엇입니까? 성경이 문화에 대하여 무엇이라고 말합니까? 문화는 교회의 친구입니까 아니면 원수입니까? 그 대답들은 한 사람의 문화의 신학 안에 놓여져 있습니다.

우리는 오늘 문화의 신학에 대하여 완전하게 논의할 시간이 없습니다. 그러므로 문화에 대한 우리의 생각에 영향을 미칠 다섯 분야를 간단히 다루도록 합시다. 첫 번째로, 우리는 문화가 우리와 우리의 교회들에게 왜 그토록 중요한지를 탐구해야만 합니다. 다음으로 문화를 정의할 필요가 있습니다. 그리하여 우리가 지금 말하고 있는 것이 무엇에 대한 것인지를 알 필요가 있습니다. 그 다음에는 어떻게 하면 문화에 가장 잘 반응을 할 수 있는지에 대하여 논의할 것입니다. 우리는 복음과 문화 사이의 관계를 탐구할 것입니다. 그리고 마지막으로 교회가 문화와 어떤 관계를 유지해야 하는지를 다룰 것입니다.”

“예! 그것을 두 시간 안에 다루기에는 분량이 많은 듯합니다. 그러나 저는 준비가 되어 있습니다!” 밥은 펜을 꺼내면서 말했다.

문화의 중요성

"문화가 지도자들과 그들의 교회들에 중요한 이유는 여러 가지가 있습니다. 문화는 우리의 삶과 신조들 모두를 심오하게 조성하고 영향을 끼치는데, 우리 대부분은 그것을 알지 못하고 있습니다. 우리는 우리의 삶을 질서 있게 만들기 위하여, 우리의 경험들을 해석하기 위하여, 그리고 행동을 평가하기 위하여 문화를 사용합니다. 우리의 문화로부터, 그리고 우리가 경험하는 것으로부터 우리는 우리의 실상을 창조하며 우리의 삶에 대한 감각을 갖게 됩니다. 이것은 대부분 정신적인 반사 작용이며 무의식적인 과정입니다. 우리는 그것이 일어나는지조차도 알지 못합니다. 그것은 단순히 발생할 뿐입니다.

문화가 중요한 또 다른 이유는 우리의 문화적 전제 조건들이 신학의 개발과 성경에 대하여 믿는 것에 영향을 미친다는 것입니다. 문화는 의미론적이고 개념적인 틀을 제공하는데, 그것을 통하여 우리는 하나님과 성경을 보게 됩니다. 복음주의적 강단에서 사역을 하고 있는 우리 대부분은 서구적이고 유럽적인 영향력 아래서 교육을 받아 왔습니다. 우리가 훈련을 하는 기관들도 유럽적 신학자들이 이용하고 있는 유럽적 체계에 의하여 크게 영향을 받은 것들입니다. 유럽 사람들이 당신이 읽는 신학서적을 썼으며 당신이 따라가는 주석들을 썼을 가능성이 아주 농후합니다. 우리는 신학교에서 서술적인 책들보다는 성경의 교훈적이고 교육적인 책들을 공부하는 일에 훨씬 더 많은 시간을 소비하였습니다. 그것은 매우 서구적인 것입니다."

"당신은 나쁘다고 생각하십니까?" 밥이 물었다.

"그것이 나쁘지는 않지만, 서구적이고 유럽적인 문화의 테두리 안에서 개발된 신학적 견해를 반영합니다." 스티브는 대답하였다.

"문화가 중요한 세 번째 이유는 그것이 우리가 교회 내에서 사역을 이행하는 방식에 영향을 미친다는 것입니다. 우리 자신의 문화적 장이 신앙에 대한 이해뿐만 아니라 신앙에 대한 실천에도 크게 영향을 미쳐왔습니다. 문화적 시각에서 보면, 북미주 전역에 산재해 있는 보다 더 오래되고 전통적인 교회들의 많은 수가 '유럽에서 만들어진' 것들이었습니다. 거기에 비하여 새로운 모형의 교회들은 '미국에서 만들어진' 것들이었습니다. 예를 들면, 유럽의 영향을 받은 교회들은 교회를 재산이 딸린 교회처럼 보이는 건물로 봅니다. 그들의 조직은 계급 구조적이며, 성직자들의 역할과 훈련에 강조점을 두며, 복장과 예배에서 보다 더 형식적이며, 과거에 보다 더 관심을 쏟으며, 그들의 음악은 1960년대 이전에 쓰여진 것들입니다. 미국의 영향을 받은 교회들은 교회를 사람들로 봅니다. 그들의 조직은 보다 더 수평적이며, 그들은 평신도들의 역할과 훈련을 강조하며, 복장과 예배에 있어서 보다 더 격식이 없으며, 그들의 초점을 미래에다 맞추며, 그들의 음악은 1960년 이후에 작곡된 것입니다."

밥은 미소를 지었다. "당신의 말씀은 옳습니다! 그런데 저희 교회가 어떤 스타일의 교회로 나아가고 있는지 추측해 보십시오!"

"나는 압니다." 스티브가 말했다. "그리고 그것은 불운입니다. 20세기 말에, 유럽의 영향을 받은 교회들은 하향세였습니다만, 미국의 영향을 받은 교회들은 성장해 오고 있습니다. 게다가 유럽의 영향을 받은 교회들 중 많은 교회들이 그들의 보다 더 젊은 사람들로 인하여 압력을 받아 문화적으로 보다 더 현대적인 미국 영향의 형식으로 이전되는 경험을 하게 되었습니다. 이것은 보통 많은 반대와 저항에 직면하게 되었으며 몇몇 교회들은 그로 인하여 분열되기까지 하였습니다. 문제는 유럽 영향을 받은 교회들 안에 있는 사람들 중 소수의 사람들은 문화적 유산이 아니라 신앙을 사수하고 있다고 믿는다는 것입니다. 그러므로 그들은 마치 정통 기독교의 모든 미래가 그들에게 달려 있는 것처럼 싸우는 것입니다."

밥이 머리를 가로 저었다.

"문화가 중요한 네 번째 이유는, 그것은 우리가 그리스도를 위하여 살아가야 할 여러 사람들을 보다 더 잘 이해할 수 있게 도움을 준다는 것입니다. 우리는 점점 증가하고 있는 문화적 다양성의 시대에서 살아가고 있습니다. 따라서 우리가 밖으로 나아가 복음으로 사람들을 섬기고자 할 때, 그것은 점차 다문화적이 되어 가는 북미주로 향하게 될 것입니다. 이 일은 종족 경계선 안과 밖에서 지금도 일어나고 있습니다. 예를 들면, 종족 경계선 안에서는 X세대 사람들이 백인의 베이비 붐 시대 사람들과는 다른 문화 안에서 살면서 그런 문화를 경험하고 있습니다. 그리고 두 세대는 모두 그들의 백인 부모들, 그리고 백인 조부모들과는 전적으로 다른 문화를 받아들이고 있습니다. 우리는 보다 더 젊은 세대들이 그들의 부모와 조부모들의 기독교의 문화적 국면들을 받아들이지 않는다고 해서 너무 놀라서는 안 됩니다. 동일한 것이 아프리카계 미국인들, 미국내 스페인계 사람들, 아시아인들, 그리고 다른 공동체 사람들 안에서도 적용됩니다."

"종족 경계 밖에서, 미국은 다문화적이고 전 세계적인 나라가 되었습니다. 북미주는 더 이상 도가니가 아닙니다. 이제는 샐러드 그릇입니다. 우리는 멕시코계 미국인들, 아프리카계 미국인들, 그리고 아시아계 미국인들에 대한 얘기를 보통으로 합니다. 그리고 몇몇 도시들에서는 백인들이 아니라 위의 집단들 중의 하나가 지배적인 종족 집단을 형성하고 있습니다. 과거에는 많은 북미주 회사들이 북미주 안에서만 사업을 하였으나, 이제는 대부분의 회사들이 세계 도처에서 사업적 이해 관계를 가지고 있습니다. 개선된 통신 기술과 함께, 이것은 우리로 하여금 많은 다른 문화권 사람들과 접촉할 수 있게 해 주었습니다. 이 모든 것은 교회에 대하여 우리가 어떻게 하면 이런 사람들에게 그리스도를 위하여 살며 그리스도를 닮아가는 삶을 살 수 있게 할 수 있을까 하는 문제를 생각하게 합니다."

스티브가 말하는 동안 밥은 문화가 중요한 이유들을 경청하고 있었다. 그는 이렇게 써 놓았다.

문화가 중요한 이유들

1. 문화는 우리의 삶과 신조들 모두를 심오하게 조성하고 영향을 미친다.

2. 문화는 신학의 개발과 성경에 대하여 믿는 것에 영향을 미친다.

3. 문화는 교회 내에서 사역을 이행하는 방식에 영향을 미친다.

4. 문화는 그리스도를 위하여 살아가야 할 여러 사람들을 보다 더 잘 이해할 수 있게 도움을 준다.

"그러면 문화에 대하여 말할 때 우리는 정확히 무엇에 대하여 이야기하고 있는 겁니까?" 밥이 물었다.

문화의 정의

스티브는 도넛을 한 입 물고는 말했다. "나는 문화에 대한 정의를 가지고 있습니다. 그리고 종종 나는 무엇이 문화가 아니며 무엇이 문화인지에 대하여 말하는 것이 도움이 된다는 것을 발견합니다. 그것은 우리의 생각들을 더 깊이 다듬는 데 도움을 줍니다. 그러나 먼저 무엇이 문화인지에 관심을 쏟음으로써 시작하도록 합시다."

문화란 무엇인가?

스티브는 도넛을 다 먹고 난 후 냅킨으로 얼굴을 닦고는 말을 시작하였다. "문화에 대한 정통적인 정의들에는 보통 사람들의 생각들, 신조들, 가치들, 언어, 행동들, 그리고 여러 분야의 예술과 공예품들이 포함됩니다. 나는 이런 요소들이 사람들의 신조와 행동의 부류에 드는 것으로 봅니다. 그러므로 나는 문화를 '사람들이 무엇을 믿는가?'와 '그들이 어떻게 행동하는가?'에 대한 전체적 요약으로 정의합니다. 그리고 다양한 종족적, 사회적, 또는 종교적 집단들의 사람들이 그들이 살고 있는 세계를 형성하고 그 세계를 이해하는 것은 대체로 문화를 통해서입니다."

밥은 이 정의를 노트에 적었다.

> 문화는 사람들이 무엇을 믿는가와 그들이
> 어떻게 행동하는가에 대한 전체적인 요약이다.

신조들

"나는 나의 정의가 광범위하다는 것을 압니다." 스티브는 계속했다. "그러므로 이 정의를 구성하고 있는 두 가지 요소들을 살펴보도록 합시다. 첫째로, 문화에는 사람들의 신조들이 포함됩니다. 모든 사람의 신조들의 핵심에는 세계관이 있습니다. 당신의 세계관은 다음과 같은 인생의 기본적인 질문들에 대한 당신의 대답으로 구성되어 있습니다. '무엇이 실재하는가? 우리는 누구인가? 우리는 어디에서 왔는가? 우리는 왜 이곳에 있는가? 죽을 때 우리에게 무슨 일이 일어나는가? 도덕과 윤리의 기초는 무엇인가?' 이런 질문들에 대한 당신의 대답은 당신의 전체적인 신조 체계에 영향을 미치는 가정(假定)들에 정보를 전달해 줍니다. 몇몇 서구적 세계관들은 유신론, 이신(理神)론, 그리고 현대주의(자연주의)입니다. 지금 우리는 현대주의로부터 새로운 세계관으로 이행하는 가운데 있습니다 – 그것은 포스트 모더니즘일 것입니다. 이 견해는 이전의 모든 세계관들과는 다르게 위의 질문들에 대하여 답을 줄 것이며 현대 세대들의 사상뿐만 아니라 향후 이백 년 이후에 나타날 사상에도 영향을 미칠 것입니다.

세계관은 우리가 생각하고 믿는 것이 진실한가를 규정합니다. 우리는 우리의 신조들을 두 가지 차원에서 지니고 있습니다. 한 차원에는 작동하는 신조들이 있습니다. 이것들은 행동의 준거가 되는 신조들입니다. 이것들은 가치들과 총체적인 행위에 영향을 미치고 또 작용합니다. 또 다른 차원에는 이론적인 신조들이 있습니다. 이것들은 이론적인 수준에서 간직되는 신조들로서 우리의 삶에 영향을 미칠 수도 있고 그렇지 않을 수도 있습니다. 교회의 교리적인 진술, 즉 신경(信經)은 그 한 예가 될 것입니다."

행동들

"문화는 또한 사람들의 행동이나 인간적 행위로 구성되어 있습니다. 우리의 행동들은 신조들에 의하여 영향을 받으며 거기에는 우리가 어떻게 행동하느냐 뿐만 아니라 우리가 무엇을 말하느냐도 포함됩니다. 우리가 말하고자 하는 것이 언어 속으로 들어가서 타인에게 전달됩니다. 우리가 어떻게 행동하느냐에는 우리가 무엇을 행하느냐와 우리가 만드는 것들이 포함됩니다. 우리는 일을 행하는 방식들을 조성해 왔습니다. 그 일이란 우리가 어떻게 사람들과 관계를 맺으며, 사회와 가정 안에서의 우리의 역할은 무엇이며, 우리의 직업은 무엇이며, 우리가 어디로 가고 있는가, 우리가 무엇을 읽는가 등등 다수의 것들과 같은 것들이지요. 우리가 무엇을 만드느냐에는 의복, 기구들, 예술, 집 등과 같은 물질적인 것들이 포함됩니다."

문화에 대한 밥의 노트들은 다음과 같은 것들을 보여 주었다.

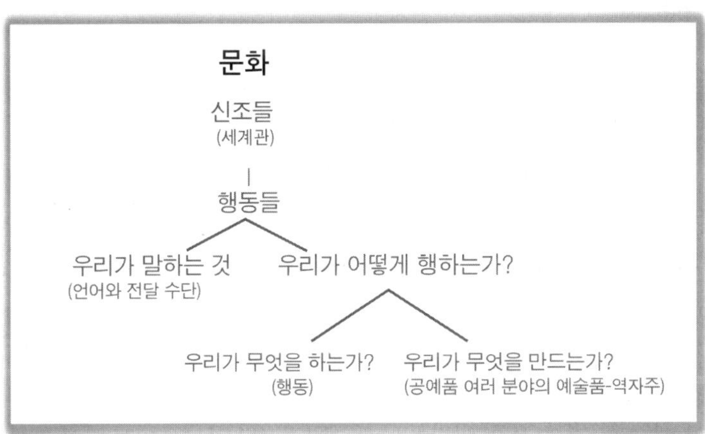

범주들

"우리가 문화의 다른 범주들을 이해할 때도 역시 문화를 이해하는 데 도움이 됩니다. 하나의 범주는 지리학적입니다. 그러므로 우리는 서구적 문화, 동양적 문화, 북미주적 문화, 도시와 도시 근교의 문화에 대하여 말을 합니다. 또 다른 범주는 현대적 문화와 포스트 모더니즘 문화와 같이 철학적입니다. 세 번째의 범주는 기구(機構)적인데 사업, 교회, 또는 학교는 모두 그들 자신의 문화를 가지고 있습니다."

"그러므로 당신은 우리 삶의 모든 부분이 개별적 문화를 만들고 있다고 말하고 있는 것이로군요?" 밥은 그것을 마음 속으로 분명히 알고자 애쓰고 있었다.

"그렇습니다. 나는 그렇게 믿습니다. 물론 당신의 삶의 몇몇 부분들은 다른 것들보다 더 큰 영향력을 가지게 될 것입니다. 예를 들면, 당신의 종족적 근원은 당신이 하고 있는 사업보다 더 큰 영향력을 가질 수 있을 것입니다."

문화가 아닌 것은 무엇인가?

밥은 고개를 끄덕였고 스티브는 의자에 뒤로 기대어 목을 가다듬었다. "나는 그리스도인들과 교회에 다니는 사람들이 문화에 대하여 가지고 있는 몇몇 그릇된 개념들을 알고 있습니다." 그는 말했다. "가장 흔한 오류는 문화가 본래적으로 사악하다는 견해입니다(우리 나라의 경우 세속적이라고 생각하는 견해 – 역자 주). 나는 그리스도인들이 문화에 대하여 언급할 때마다 – 특히 몇몇 사람들이 텔레비전이나 라디오에서 말할 때에 – 그것은 종종 부정적인 맥락에서 이루어진다는 것을 목격해 왔습니다. 이것은 성경이 문화에 대하여 가르치고 있는 바를 오해하는 것을 나타냅니다. 우리가 깨달아야만 하는 것은 문화는 타락 이전 아담과 하와의 삶의 본질적 일부였다는 점입니다. 그들은 에덴 동산 안에 살고 있는 동안에 생각하고 행동하였습니다. 하나님께서 아담과 하와를 생각하며 행동하는 인격들로 창조하셨으며 에덴 동산을 창조하셨으므로, 그분은 사실상 문화를 창조하신 것입니다. 더욱이 창세기 1:31은 다음과 같이 말합니다. '하나님이 그 지으신 모든 것을 보시니 보시기에 심히 좋았더라.' 그러므로 하나님은 문화를 창조하셨는데 그것은 매우 좋았습니다"(질서있게 잘 돌아간다는 의미가 포함되었음 – 역자주)

"아담과 하와가 생각하며 행동하였을 뿐 아니라, 신격도 동일한 일을 하신다는 것은 분명합니다. 예를 들면, 창세기 1장에서 신격의 창조적 행동들은 그들의 창조적 사상과 계획의 결과였습니다. 만일 그것이 사실이라면, 나는 이것이 분명하다고 생각합니다. 즉 신격은 문화적 장 안에서 관계를 맺으시고 활동하신다는 것입니다.

더 나아가, 증거는 문화가 하늘에 가서도 우리의 미래 상태의 본질적 일부가 될 것이라고 암시하는 듯합니다. 예를 들면, 요한계시록 7:9 - 10은 사람들의 문화적 독특성들이, 즉 그들의 종족성과 언어와 같은 것들이 보존되어질 것임을 계시합니다. 우리는 후에 요한계시록 20장에서 22장에 걸쳐서, 특히 요한계시록 21:26에서 동일한 내용이 다량으로 나오는 것을 보게 됩니다."

"그렇다면 그것이 의미하는 바는 문화란 항상 좋다는 것입니까?" 밥이 물었다.

"아닙니다. 문화는 좋게 될 수도 있고 나쁘게 될 수도 있습니다. 우리는 타락 이후에 매우 다른 문화를 보게 됩니다. 본질상, 문화는 타락에 의하여 황폐하게 되었습니다. 죄는 문화를 포함하여 모든 것들에 스며들게 되었습니다.

우리는 문화 그 자체를 하나의 목적으로 보는 경향이 있습니다. 이것은 잘못된 견해입니다. 그것은 목적이 아니고 목적을 이루는 수단이나 도구입니다. 바울은 로마서 14:14에서 이 내용을 시사하고 있습니다. 거기서 그는 음식 – 문화의 아주 중요한 국면 – 에 대하여 언급할 때 그 자체가 불결한 것은 아니라고 말합니다. 그러나 만일 누군가가 어떤 특정의 음식을 불결하게 여긴다면, 그 때는 그에게 있어서 그것이 불결한 것입니다. 그러므로 목적에 대한 수단인 문화는 선을 위해서도 사용될 수 있고 악을 위해서도 사용될 수 있습니다. 또 다른 예는 언어입니다. 야고보서 3:9- 12에서 야고보는 혀, 즉 언어의 두 가지 용례를 구분하여 말합니다. 한편에서 사람들은 하나님을 찬양하는 것과 같이 그것을 선을 위하여 사용합니다. 다른 편에서 사람들은 하나님의 형상대로 지음 받은 다른 사람들을 저주하는 데 그것을 사용할 수가 있습니다. 사냥꾼이 자기 가족에게 음식을 제공하는 일에 총을 사용할 수도 있지만, 범죄자는 그것을 사용하여 상점을 털 수가 있습니다. 동일한 칼이 아기의 역기능적인 심장 판막을 교정하는 데 사용될 수도 있고 유산으로 아기의 생명을 없애는 데 사용될 수도 있습니다."

문화에 대한 우리의 반응

"그러므로 문화에 대한 그리스도인의 반응은 어떤 것이 되어야 할까요?" 밥이 물었다.

"그것은 목회자가 물어야 할 중요한 질문입니다. 왜냐하면 우리 각자는 그 자신의 독특한 집단 문화를 가지고 있는 교회에서 리더십을 발휘하고 있기 때문입니다. 그리스도인들은 세 가지 중 한 가지 방식으로 반응하는 경향이 있습니다. 문화로부터 소외시키거나 그들은 자신을 문화에 순응시킵니다. 또는 특정의 문화적 장 안에서 섬깁니다."

스티브는 말을 멈추고 커피 잔을 비웠다.

"당신은 이 세 가지 반응들을 설명할 참인가요?" 밥이 물었다.

스티브는 웃었다. "물론 그렇습니다. 나는 이 도넛들을 바라보고만 있을 수는 없습니다!" 그는 도넛을 또 하나 집어들었다.

소외

"좋습니다. 소외는 하나의 극단을 나타냅니다. 이것은 문화에 대한 그리스도인의 적절한 반응은 문화로부터 소외가 아니고 분리하는 것이라고 주장합니다. 소외주의자들은 문화가 본질적으로 사악하며 복음의 원수가 된다고 믿습니다. 많은 사람들은 그것을 성경에 나오는 세상이란 단어와 동일시하는데 요한이 요한복음 12:31, 16:11, 그리고 요한일서 4:4, 5:19 등의 구절들에서 세상을 회피하라고 우리에게 경고하고 있다고 믿습니다. 바울은 고린도후서 4:4과 에베소서 2:2에서 동일한 말을 하고 있다고 생각합니다. 세상으로부터의 분리는 분리의 첫 단계입니다. 몇몇 사람들은 제 2단계의 분리도 주장합니다. 분리에 대한 이런 견해는 우리가 세상으로부터 분리될 뿐만 아니라 우리 생각 속으로 세상을 받아들임으로써 복음을 타협시켰다고 생각되는 기독교 안에 있는 모든 사람으로부터도 분리되어야만 한다고 가르칩니다."

"저런! 그것은 과격합니다." 밥이 말했다. "당신은 그런 극단적 견해를 가지고 있는 사람들에게 어떻게 반응합니까?"

"나는 분리에 대하여 여러 가지의 방식으로 반응합니다. 첫 번째로, 신약 성경은 세상이라는 단어를 사용하여 우리의 문화를 나타냅니다. 그러나 그런 사용법은 문화가 사단이나 사단의 능력의 지배 아래 있을 때, 또는 선이 아니라 사악을 추구하는 사람들의 통제 하에 있을 때의 문화를 묘사하는 것입니다. 소외주의자들은 선이나 악을 위한 도구나 수단이 되는 문화에 대한 성경적 가르침을 전적으로 오해한 것입니다."

밥은 혼란스럽게 보였으나 잠시 후 그의 얼굴이 밝아졌다. "당신의 말은 음식과 언어에 대한 가르침들을 의미하는군요."

"그렇습니다. 나는 소외주의자들이 어떻게 그리스도의 성육을 설명하는지 궁금합니다. 그분은 이 세상 속으로 들어오셔서 인간이 되셨으며 문화의 선한 국면들을 받아들이신 분입니다. 소외주의자들은 문화를 '저쪽 편에 있는' 어떤 것으로 보는 경향이 있습니다 – 우리 저 너머에 있는 사악한 세력으로서 그로부터 분리될 수 있다고 말입니다. 그러나 문화가 '저쪽 편에' 있기도 하지만 그것은 또한 '바로 이 안에' 있기도 합니다."

스티브는 자기 머리를 가리켰다. "문화가 우리 주변 사방에 있을 뿐만 아니라 그것은 우리의 일부이기도 합니다. 우리가 말하는 언어와 우리가 생각하는 사고들은 모두 문화의 일부입니다. 민족성은 문화적인 특성입니다. 이것은 소외주의자들에게는 중대한 딜레마가 됩니다. 당신이 당신의 본질적 일부가 되어 있는 것, 즉 당신 자신으로부터 어떻게 분리될 수 있단 말입니까?"

순응

"순응은 또 다른 극단입니다. 이것은 그리스도인이 순응하거나 비본질적인 문화를 수용하는 것을 포함합니다. 여기에는 두 가지 형태가 존재합니다. 첫 번째의 것은 자유주의에 의하여 보여지는 형태입니다. 이것은 타락한 세상 문화의 대부분이 복음의 친구라고 믿습니다. 그래서 우리는 현대적 과학, 사회학, 철학, 그리고 신학의 견해들을 채택해야만 한다고 주장합니다. 이 견해들은 과격한 여성주의, 동성애, 그리고 중절 수술과 같은 개념들을 받아들이는 것을 포함하지만 성경적인 정통주의는 배격합니다. 자유주의자들은 문화의 죄된 사용을 받아들이고 옹호합니다. 그러므로 그들은 문화를 좇으며 돈을 지불하고 시대의 정신을 삽니다. 이런 견해와 관련하여 문제점은 세상에 알아듣는 말을 하려고 크게 노력하다가 당신이 그 안으로 빠져들 위험이 있다는 것입니다. 그리고 나는 대부분의 자유주의자들이 그렇게 된다고 믿습니다.

그 다음에는 순응의 보수적 형태가 있습니다. 나는 이런 견해를 받아들이거나 받아들이고자 매우 가깝게 접근하는 그리스도인들의 수에 놀랐습니다. 하나님은 어느 특정 문화나 하위 문화를 특징있는 기독교 문화로 인정하신다고 이 형태는 주장합니다. 예를 들면 모형주의(patternism)를 받아들이는 사람들 – 우리는 1세기 교회들의 모형들을 따라야 한다고 주장 – 은 이런 견해를 호의적으로 보는 경향이 있습니다. 주일의 첫 날에 교회가 모였을 가능성이 있다든지 성찬식에서 포도주를 사용했다든지 하는 것과 같은 모형들은 1세기 문화의 일부임이 아주 분명합니다.

다른 사람들은 21세기 유럽이나 북미주의 문화가 하나님에 의하여 인정되고 있다고 믿습니다. 비록 의식적으로는 아니라 할지라도 무의식적으로, 우리는 우리의 삶의 방식(걷는 것, 말하는 것, 먹는 것, 인사하는 것, 그리고 특히 ‘교회 생활을 하는 것’)이 그들의 것보다 더 나으며 또 더 기독교답다고 하는 생각을 회심자들에게 전달하곤 합니다. 흔한 예는 우리가 교회에 다니지 않는 길 잃은 사람들에게 메시지를 전할 때 그들은 교회에 다니는 사람들처럼 행동해야만 받아들여진다고 하는 점입니다. 그들 중의 많은 이들은 교회에 다니는 사람들을 흡사 1990년대에 토요일 밤 생방송에서 다나 카아비가 ‘교회 숙녀’ 를 모방한 것처럼 취급합니다. 그들은 그런 부분은 조금도 원하지를 않습니다.”

“저는 저희 교회에서 그런 견해를 가지고 있는 많은 사람들을 봅니다.” 밥이 끼어들었다. “어떤 길을 잃고 교회에 다니지 않는 방문자들이 교회 내에서 그들처럼 행동하지 않기 때문에 – 그들은 옷을 너무 격식을 차리지 않고 입으며 몇몇 경우에는 예배를 드리다가 일어나 밖으로 나가서는 껌을 씹습니다 – 그들 안에는 뭔가 그릇된 것이 들어 있다고 생각합니다."

스티브는 머리를 가로저었다. "우리가 그들에게 보내는 메시지는 그들이 우리처럼 되어야 하며 우리 문화를 받아들여야만 구원을 얻을 수 있다고 하는 것입니다. 그러나 복음은 어느 교회가 다른 교회보다 더 우월하다고 전제하지 않습니다."

"그건 사실입니다." 밥이 말했다. "우리 주님이 사셨던 중동의 문화는 북미주의 문화와는 매우 다릅니다."

"바로 그것입니다!" 스티브가 동조했다. "몇몇 문화들이 다른 문화들보다 더 진보적이긴 하지만, 복음은 그것들을 우월하거나 열등한 것으로 보지 않고 단지 다른 것으로 봅니다. 우리가 복음과 함께 문화를 받아들여야만 구원을 받을 수 있는 것은 아닙니다. 교회는 사도행전 15장에서 예루살렘 공회에서 이방인은 구원을 얻기 위하여 유대인이 될, 할례를 받아야 할 필요가 없다고 결정하였습니다! 또한 1세기 교회가 21세기 교회보다 더 우월한 것도 아니었습니다. 정확한 계산을 한다면(21세기는 2001년부터임 – 역자주)신약의 대부분은 1세기에 쓰여졌으며, 교회가 그 당시에 성장하고 발전하였다는 사실은 하나님께서 다른 어떤 문화보다 그 문화를 더 많이 장려하신다는 의미가 아닙니다."

상황화

"세 번째 가능성과 문화에 대한 가장 좋은 반응은 상황화입니다. 상황화는 교회들을 설립하거나 재정비하고 사람들의 문화적 상황 안에 있는 언어와 관습 안에서 복음을 전하려고 시도하는 것입니다. 그리하여 그 메시지가 수용되고 그들이 그리스도를 좇도록 하는 것입니다. 그러므로 하나님이나 사람이나 사단이 선하든 악하든, 상황화는 문화를 그들 자신의 목적을 위하여 사용할 수 있는 수단이나 도구로 봅니다. 이것은 회심자가 또 다른 소위 기독교적 또는 교회의 문화를 채택하거나 받아들여야만 가입되거나 구원을 받거나 교회의 일원이 된다고 가르치지 않습니다. 이것은 토착 문화적 형태와 관습들을 사용하여 성경적 진리를 전달합니다. 그렇게 하지 않으면 복음은 먹혀 들어가지가 않습니다.

비록 하나님은 인간 문화를 초월해 계시며 그것을 초극하시는 분이시나, 그분은 인간의 문화를 통해서 일하시기를 선택하셨으며 때로는 심지어 자신을 그 문화에 제한시키기까지 하십니다. 예를 들면, 그분은 아담이나 모세, 선지자들, 그리고 많은 다른 사람들에게 인간적 언어를 통해서 말씀하시기로 선택하셨습니다. 만일 그분께서 하늘의 언어를 사용하신다면, 고린도전서 13:1에 언급되어 있는 바와 같이 그들은 하나님의 말씀을 이해하지 못할 것입니다.

예수님의 성육신은 상황화에 대한 위대한 예입니다. 그분은 인간의 몸을 입고 스스로 성육(成肉)하셨으며 인간의 언어를 배우시고 사람들 가운데서 사셨으며 사람들로부터 배우셨습니다. 그분이 이 일을 하신 이유는 자기 자신을 인류에게 이해가 가고 그들에게 전달 가능한 방식으로 계시하시고자 하심이었습니다.

마지막으로, 바울은 자기 자신의 문화를 그가 섬기던 사람들에게 강요하기보다는 그들 문화의 도덕적으로 용납 가능한 요소들에 적응하기를 선택하였습니다. 고린도전서 9:19 - 22을 봅시다."

스티브는 그 구절을 읽었다. "내가 모든 사람에게 자유하였으나 스스로 모든 사람에게 종이 된 것은 더 많은 사람을 얻고자 함이라 유대인들에게는 내가 유대인과 같이 된 것은 유대인들을 얻고자 함이요 율법 아래 있는 자들에게는 내가 율법 아래 있지 아니하나 율법 아래 있는 자같이 된 것은 율법 아래 있는 자들을 얻고자 함이요 율법 없는 자에게는 내가 하나님께는 율법 없는 자가 아니요 도리어 그리스도의 율법 아래 있는 자나 율법 없는 자와 같이 된 것은 율법 없는 자들을 얻고자 함이라 약한 자들에게는 내가 약한 자와 같이 된 것은 약한 자들을 얻고자 함이요 여러 사람에게 내가 여러 모양이 된 것은 아무쪼록 몇몇 사람들을 구원코자 함이니.”

문화와 복음

“좋습니다. 저는 그것을 이해합니다. 저는 제가 바울이 말하고 있는 것을 이해한다고 생각합니다. 그러나 복음과 문화의 관계가 무엇입니까? 그것은 문화 위에 있습니까, 아니면 문화의 일부입니까?” 밥은 알기를 원했다.

“복음은 그 근원과 본질이 초문화적입니다만, 그 해석과 적용에서는 문화적입니다. 사람의 문화를 초월해 계시는 초문화적이신 하나님이 복음의 근원이십니다. 그러나 그리스도인들은 원래가 복음을 헬라 – 로마 문화의 장(場) 안에서 복음을 기록하였으며 그것을 전달하였습니다. 오늘날 우리는 그 복음을 북미주, 유럽, 또는 아시아 문화와 같은 어떤 문화의 장 안에서 해석하고 연구하고 적용합니다. 그러므로 비록 기능에서는 초문화적이지만 복음은 어떤 문화적 장 안에서 항상 존재할 것이며 또 그래야 한다는 것을 우리는 이해해야만 합니다. 문화를 초극하는 형태의 복음은 존재하지 않습니다.

그리스도인들과 교회들은 복음과 그들의 문화를 반드시 구분해야 합니다. 이런 구별을 하지 못하면 그 두 가지를 사람들의 마음 속에서 섞게 됩니다. 예를 들면, 전통적인 사고 방식 안에서는 그것들을 섞는 것이 다음과 같은 생각을 전달하게 됩니다. 즉, 복음을 받아들이는 것은 또한 어떤 문화적 관습도 받아들이는 것을 포함한다고 하는 생각입니다. 그 문화적 관습은 '피아노나 오르간에 맞춰 믿음의 위대한 찬미들을 부른다. 외투와 타이와 긴 겉옷과 같은 격식을 차린 의복을 입는다. 심지어는, 여인들이 머리를 덮는 모자를 쓴다' 든가 하는 것들입니다. 동일한 말이 또한 현대의 문화적 사고 방식에도 적용이 됩니다."

우리는 우리의 문화와 다른 사람들의 문화를 어떻게 사용하면 복음을 가장 잘 설명하고 진척시킬 수 있는지를 발견해야만 합니다. 우리가 복음을 다른 사람들의 문화적 형태들 속으로 넣을 때, 그 문화가 북미주적이든 아니면 다른 어떤 것이든, 우리는 그들이 복음을 이해하고 받아들이고 그것을 다른 사람들에게 전달할 수 있도록 만드는 것입니다. 우리는 복음을 우리의 과녁 집단 ─ 교회에 다니지 않고 길을 잃은 북미주인들, 길 잃은 아시아인들, 길 잃은 자바섬 사람들, 그리고 여타의 사람들 ─ 이 이해할 수 있는 방식과 형태로 표현하고자 애씁니다. 우리는 우리가 사용하는 형태들이 적절한 메시지를 지니는 의미들을 전달하도록 유의해야만 합니다. 예를 들면, 몇몇 상황 안에서는 성찬의 일부로 포도주를 사용하는 것이 부정적인 메시지를 전달할 수도 있습니다."

"이것이 당신의 질문에 대한 대답이 될 수 있습니까?" 스티브가 물었다.

"그렇습니다. 저는 그렇다고 생각합니다." 밥은 자기가 노트한 내용을 큰 소리로 읽으면서 말했다.

문화와 복음

1. 복음은 그 근원과 본질이 초문화적이나, 그 해석과 적용에서는 문화적이다.
2. 그리스도인들과 교회들은 복음과 그들의 문화를 반드시 구분해야 한다.
3. 우리는 우리의 문화와 다른 사람들의 문화를 어떻게 사용하면 복음을 가장 잘 설명하고 진척시킬 수 있는지를 발견해야만 한다.

문화와 교회

"문화, 복음, 그리고 성경에 대한 적절한 이해는 우리에게 '교회 생활을 하는 것'에 대하여 많은 것을 가르쳐 줍니다. 그리고 북미주에 있는 교회는 만일 우리가 그리스도께서 주신 사명을 성취하고자 한다면 이 교훈들을 심각하게 취급해야만 합니다. 나는 이런 교훈들 중 몇 가지에 대해 언급하고 싶습니다." 스티브가 말했다.

문화는 모든 교회에 영향을 미친다

"첫 번째로, 문화는 모든 교회에 영향을 미칩니다. 전혀 예외가 없습니다. 그러므로 문제는 '문화가 교회의 하는 일에 영향을 미치는가?'가 아닙니다. 오히려 '어떤 문화가 교회의 하는 일에 주로 영향을 미치는가?'

입니다. 북미주에 있는 보다 더 오래된 기성 백인 교회들 대부분은 아직도 서구적이고 유럽적인 문화를 반영하고 있습니다. 내가 앞에서 말했듯이, 그들의 관례와 습관은 '유럽제(製)' 입니다. 사실, 기독교회들은 아직도 미국에 상존하고 있는 유럽 문화의 몇 안 되는 기구(機構)적 흔적 기관들 중에 속해 있습니다. 오르간 음악, 찬송가, 제단, 장의자, 헌금함, 무릎 꿇는 받침대, 채색 유리 창문, 독특한 건축술의 사용과 같은 문화적 관습은 서구적이고 유럽적인 것이지 그 근원이 성경적인 것은 아닙니다."

밥은 웃었다. "그건 사실입니다만, 얼마나 많은 사람들이 그것을 깨닫고자 궁구(窮究)하겠습니까?"

"교회 내에서 유럽 문화를 거부해 온 새로운 모형의 교회들에게도 동일한 것이 거의 그대로 적용됩니다. 그 대신에 그들은 그 근원이 성경적인 것이 아닌 미국적인, 또 다른 문화적 관습을 채택했을 뿐입니다. 그러므로 그들은 미국에서 만들어진 교회들인 것입니다."

밥은 또 다시 웃었다.

"그것이 반드시 나쁜 것은 아니지요." 스티브가 말했다. "문화는 선을 위해서도 쓰여질 수 있고 악을 위해서도 쓰여질 수 있는 수단이라고 이미 언급한 것을 기억하십시오. 만일 우리 교회 내의 사람들이 주변의 문화들이 모두 변하고 있는데도 유럽적 문화에 집착하고 적응하기를 거부한다면, 그 때 그것은 나쁠 수가 있습니다. 문화가 불필요하게 부지불식 간에 사람들로 하여금 복음과 기독교는 손댈 수 없는 것들이라고 생각하게 만듭니다. 따라서 그것들에 대하여 흥미를 잃게 만든다면, 그 때 그 문화는 나쁩니다. 메시지가 나쁜 것이 아닙니다. 불행하게도, 교회들 중의 너무도 많은 교회들이 20세기 말과 21세기 초에 의식적으로 또는 무의식적으로 이런 일을 저질러 왔습니다. 교회에 속하지 않은 사람들이 교회를 방문할 때 그것은 문화적으로 소원하게 만드는 경험이라는 것을 발견할 뿐입니다. 그들은 전문어('성전 내의 담화')를 이해하지 못하며 음악과 연관을 맺지 못하며 불편하고 불안하게 느낍니다. 그러므로 그들은 기독교와 복음은 그들에게 어울리지 않는 것이라고 결론을 내리게 되는데 이는 그릇된 판단입니다. 그들에게 흥미를 잃게 만드는 것은 실은 문화인데 말입니다. 이것에 더하여 몇몇 교회들 안에서는 이런 습관이 있습니다. 길 잃은 사람들로 하여금 교회에 다니는 사람들처럼 행동해야만 교회가 그들을 받아들일 것이라고 요구하는 습관 말입니다."

"그것이 바로 사도행전 15장에서 크게 다루고 있는 내용입니다." 밥이 첨언하였다. "맞는 말입니다." 스티브도 동의하였다.

문화는 우리가 생각하고 있는 것보다 더 많이 교회에 영향을 미친다

"문화는 우리가 생각하고 있는 것보다 더 많이 교회에 영향을 미칩니다. 나는 우리가 교회 내에서 하고 있는 일의 80 – 90%가 성경적이기 보다는 문화적으로 규정되어진 것이라고 확신합니다."

"저런, 그것은 놀라운 일입니다만, 당신의 말은 아마도 옳을 것입니다."

스티브는 말을 계속했다. "그 한 예가 음악입니다. 이것은 성인들의 삶에서뿐만 아니라 젊은 사람들의 삶에서도 대부분의 사람들이 깨닫고 있는 것보다 훨씬 더 큰 역할을 합니다. 음악가들과 그들의 음악은 오늘날 젊은이 문화에 막강한 영향력을 행사합니다. 교회 안에서 이것을 무시하거나 이것을 알아채지 못하는 것은 그리스도의 대의에 대하여 우리 젊은 이들을 소외시키고 잃어버리게 될 위험이 있습니다. 교회 안에 있는 사람들은 오늘날의 전통적인 음악이 어제의 현대 음악이었으며 오늘의 현대 음악은 내일의 전통 음악이 된다는 것을 깨달아야만 합니다. 보다 더 오래된 세대가 그들의 구미들을 새로운 세대에게 강요하는 것은 – 제 아무리 악의 없이 하는 일이라 해도 – 두 집단이 모두 결국은 고난을 당하게 된다는 것을 의미합니다. 교회 안에 있는 사람들은 보다 더 새로운 세대들로 하여금 기독교를 그들에게 가장 잘 전달해 줄 양식과 문화를 개발하도록 해야만 합니다."

"그것은 매우 정곡을 찌르는 말씀입니다." 밥이 말했다. "저희 집사님들 중의 한 분이 일전에 '만일 그 기관(機關)이 바울에게 충분히 좋았다면 그것은 우리를 위해서도 충분히 좋은 것입니다! 라고 말했습니다."

"문제는 대부분의 목회자들과 회중이 문화적으로 관련이 있는 필요들을 인식하지 못한다는 것입니다. 그들은 당신의 집사들처럼 만일 뭔가를 바꾼다면 그들은 비성경적이라고 믿습니다. 그리고 다른 사람들에게 있어서는 불행하게도, 권한이 문제입니다. 여하튼 희소식은 각각의 교회가 자신의 문화에 대하여 할 말을 많이 가지고 있으며 변화하기를 선택할 수 있다는 점입니다."

우리 교회의 문화는 몇몇 사람들을 배제할 것이다

"세 번째의 교훈은 우리 교회 문화들은 몇몇 사람들은 배제시킬 것이라는 점입니다. 우리의 대부분은 모든 사람에게 다가가기를 바라고 있는데, 그것은 좋습니다. 그러나 모든 사람 일반에게 다가가고자 애쓰는 교회는 특정인 한 사람에게도 다가가지 못할 것입니다. 일단 당신의 교회의 문화가 정해졌으면, 당신은 몇몇 사람들은 배제하게 될 것입니다. 그것은 피할 도리가 없습니다. 몇몇 사람들은 당신의 교회의 음악 스타일 등등을 무조건 좋아하지 않을 것입니다. 사실 그들은 당신을 거부하고 있는 것입니다. 요점은 모든 사람에게 다가가지 못하는 것은 좋다는 것입니다. 그것이 바로 많은 종류의 교회들이 존재하는 이유이기 때문입니다. 모든 종류의 사람들에게 다가가기 위해서 모든 종류의 교회들이 필요한 것입니다. 중요한 것은 우리가 모든 사람에게 다가갈 의사를 가지고 있느냐 하는 것이며 우리는 의도적으로 복음에 대하여 사람들에게 구역질나게 만들지 않아야 한다는 것입니다.

이제 문제는 '우리가 누구에게로 다가갈 것인가?' 가 되었습니다. 그 대답은 우리와 문화에게 이끌리는 사람들입니다. 예를 들면 우리의 예배 스타일을 좋아하는 사람들입니다. 몇몇 예외들이 있겠지만, 이것이 일반적인 것입니다. 그러므로 우리에게 이끌리는 사람들이 우리의 과녁 집단을 형성하게 될 것입니다. 바울이 이방인들에게 과녁을 맞추고 베드로가 유대인들에게 과녁을 맞추었듯이, 우리 또한 과녁 집단을 가지게 될 것입니다."

그 어느 문화도 우월하지 않다

"나는 그 어느 문화도 독특하게 기독교적이어서 다른 문화에 비하여 우월하지 못하다는 것에 대해 다시 한번 언급하고 싶습니다. 하나님은 어느 문화가 유독 기독교적이라고 보증하신 적이 없으십니다. 성경에서는 우리에게 제1세기나 여타의 어느 세기처럼 되도록 노력하라고 절대로 권고하지 않습니다. 이것은 우리가 배워야 할 교훈들 중의 하나입니다.

몇몇 사람들은 알게 모르게 자신들의 특수한 문화를 복음으로 포장합니다. 자세히 살피면, 그 포장은 이상하게도 서구적이거나 교단적이거나 또는 자본주의적이며 중산층적인 미국인의 가치관 냄새를 풍길 것입니다. 그건 분명합니다. 비록 이런 가치들 중의 몇몇이 선하기는 하지만, 우리는 문화를 기독교적으로 사용하는 것과 어떤 문화를 기독교적이라고 칭하는 것의 차이를 유의해서 구분해야만 합니다."

교회는 문화와 계속 관련을 맺어야 한다

"성경뿐만 아니라 문화를 해석해야 하는 교회는 그 문화에 대하여 계속 관련을 맺어야 합니다."

밥은 어안이 벙벙하여 쳐다보았다. "당신의 말이 무슨 의미입니까?"

"글쎄요... 역대상 12:32에 나오는 잇사갈 사람들처럼 우리는 시대를 이해함으로 사람들에게 다가가기 위해서 우리가 무엇을 해야 하는지를 알게 되어야 합니다. 문화를 해석하는 것은 우리가 그 문화를 이해하는 데 도움이 될 것입니다. 그것과 관련하여 무엇이 선하고 무엇이 악한지를, 그리고 어떻게 하면 그것의 일부가 되어 있는 사람들을 잘 섬길 수 있는지를 분변하는 것입니다."

"그런 일을 어떻게 합니까?" 밥이 참견하였다.

"나는 다섯 가지 단계를 밟습니다." 스티브가 말했다. "첫 번째로, 나는 길 잃은 사람들과 우정을 쌓습니다. 나는 그들이 나를 찾아 나서지는 않을 것이라는 사실을 발견하였습니다. 내가 그들을 찾아 나서야만 합니다. 누가복음 19:10에서 구세주께서 그렇게 하셨듯이 말입니다. 나는 길 잃은 이웃을 초청하여 나와 함께 공원 주변을 달리자고 하든가 아니면 야구 게임을 하자고 합니다. 나는 또 다른 길 잃은 친구와는 축구 구경을 함께 갑니다.

두 번째 단계는 사람들이 나에게 말을 걸 때 귀를 기울이려고 노력하는 것입니다. 그런 식으로 해서 나는 그들이 누구인지에 대하여 통찰력을 얻게 됩니다. 그들의 흥미 거리들, 그들의 고민 거리들, 그리고 영적인 것들에 대한 그들의 개방성 등을 알게 되지요."

스티브가 말하는 동안 밥은 단계들의 목록을 작성하고 있었다. 그는 노트에다 3이라고 쓰고는 스티브가 계속 말하기를 기다렸다.

"세 번째 단계는 나는 많은 것을 읽으려고 노력합니다. 대부분의 사람들이 텔레비전을 볼 때 나는 신문, 잡지, 책들을 읽습니다. 나는 나의 이웃들이 무엇을 읽으며 그들이 어떤 사상들에 노출되어 있는지를 알고 싶어 합니다. 네 번째로, 나는 인구 통계적인 정보를 수집합니다. 사람들이 사는 곳, 그들의 교육과 결혼 관계, 등등에 대한 일반적인 정보들을 말입니다. 그리고 나는 정신도표적(psychographic) 정보를 수집합니다. 사람들이 무엇을 가치 있게 여기며 그것이 어떻게 그들의 생활 양태에 영향을 미치는가에 대한 것입니다. 정보는 우리 문화에 대하여 많은 것을 나에게 말해 줍니다. 마지막으로, 때때로 나는 공동체 조사를 실시하며 사람들에게 다음과 같은 질문들을 합니다. 당신은 지금 교회에 다니고 있습니까? 당신은 공동체 안에서 무엇이 가장 필요하다고 생각합니까? 왜 사람들이 더 많이 교회에 다니지 않는 겁니까? 사람들에게 다가가기 위해서는 교회들이 무엇을 해야 합니까?"

"아하! 그것 참 도전적인 일입니다!" 밥이 말했다. "저는 제가 어떤 문화적 해석을 시행하기 시작할 필요가 있다고 생각합니다." 그리고 그는 자신의 노트를 자세히 살피기 시작하였다. 그는 스티브가 말한 북미주 교회가 문화에 대하여 배워야 할 교훈들의 목록을 작성하였다.

문화와 교회

1. 문화는 모든 교회에 영향을 미친다.
2. 문화는 우리가 깨닫고 있는 것보다 더 많이 교회에 영향을 미친다.
3. 교회 문화는 불가피하게 몇몇 사람들을 배제하게 될 것이다.
4. 그 어떤 문화도 독특하게 기독교적이지 못하다. 따라서 여타의 모든 문화보다 우월하지 못하다.
5. 문화를 해석하고자 하는 교회는 그 문화와 지속적으로 연관을 가져야 한다.

그 다음에 그는 문화를 해석함에 있어서 스티브가 말한 단계들을 목록으로 작성하였다.

당신의 문화를 해석하는 방법

1. 길 잃은 사람들과 관계를 형성시키라.
2. 길 잃은 사람들의 이야기에 잘 귀를 기울이라.
3. **읽으라, 읽으라, 책을 읽으라.**
4. 인구 통계학적 그리고 정신도표적 정보를 수집하라.
5. 이웃에 대한 조사를 시행하라.

스티브는 성경을 덮고 의자로 돌아가 앉았다. "음, 그건 문화에 대한 나의 신학입니다. 내가 너무 그것에 대해 빨리 말해서 당신이 내용을 빠

뜨리지 않았기를 바랍니다."

"전혀 그렇지 않습니다!" 밥이 그에게 확실하게 말해 주었다. "저는 모든 내용을 적어 놓았습니다." 그는 자기 노트를 가볍게 쳤다. "저는 이 여름에 공부할 것도 많고 실천에 옮길 것도 많습니다. 우리가 가을에 다시 만날 때 저는 제게 어떤 진전이 있기를 바랍니다."

"나는 분명히 그렇게 되리라고 믿습니다." 두 사람이 함께 한 후에 자리에서 일어설 때 스티브가 말했다. "오늘 도넛을 가져와서 너무 고마웠습니다!"

"감사합니다." 밥이 말했다. "목사님에게 드릴 것이 또 하나 있습니다." 밥이 스티브에게 연분홍색의 봉투를 하나 건넸다.

"이게 뭡니까?"

"이 모든 시간을 나와 함께 해 준 데 대하여 당신에게 감사하다는 말을 표시한 것일 뿐입니다."

"이것 참 멋지군요." 스티브는 봉투에서 카드를 꺼내면서 말했다. "내가 가장 좋아하는 식당에서 사용할 수 있는 외식 상품권이네요! 당신은 그 식당을 어떻게 알았습니까?"

"예, 그건 우리 지역에서 가장 훌륭한 이태리식 식당이지요. 그래서 제가 실수하는 것은 아닐 것이라고 생각했습니다. 즐거운 시간 보내시기를 바랍니다."

"고맙습니다, 밥. 우리가 가진 시간들은 나에게도 좋은 시간들이었습니다. 나는 가을에 우리가 다시 시작할 시간을 기다리겠습니다."

타락 때문에 문화에 어떤 일이 발생하였는지와 관련된 성경에 대해서는, 창세기 3:14-19; 6:5을 보라.

하나님이 복음의 근원이라는 성경의 가르침에 대해서는, 갈라디아서 1:11-12, 디모데후서 3:16을 보라.

부록

ppendix

- ·핵심 가치들 검사
- ·핵심 가치들 진술
- ·비전 진술

부록 A

Appendix A

핵심 가치들 검사

무엇이 이 사역 기구의 핵심 가치들인가?

아래 목록에 나열된 핵심 가치들 하나하나를 1에서 5로 평가하라(1이 가장 낮은 것이고 5는 가장 높은 것이다). 당신은 지나치게 분석적일 필요가 없다. 목록을 대충 살펴보고 당신의 첫 인상을 간직하도록 하라.

_________ 1. 경건한 지도력

_________ 2. 잘 결집된 평신도들

_________ 3. 성경 중심적인 설교 / 가르침

_________ 4. 공민권을 빼앗긴 가련한 사람들

_________ 5. 창조성과 기술 혁신

_________ 6. 세계 선교

_________ 7. 사람들

_________ 8. 매혹적인 땅들과 시설들

_________ 9. 재정적으로 신뢰할 수 있음

_________ 10. 현재의 상태

_________ 11. 방문객들

_________ 12. 문화적 타당성

_________ 13. 기도

_________ 14. 한결같이 탁월함/자질

_________ 15. 사귐/공동체

_________ 16. 복음 전도

_________ 17. 가족

_________ 18. 하나님의 은혜

_________ 19. 찬양과 경배

_________ 20. 그리스도인의 자기 이미지

_________ 21. 사회적 정의

_________ 22. 헌신

_________ 23. 헌금/십일조 드리기

_________ 24. 상담하기

_________ 25. 시민적 권리들

_________ 26. 기독교 교육(모든 세대)

_________ 27. 성례전

_________ 28. 균등한 권리들

_________ 29. 동정심

_________ 30. 성장

_________ 31. 공동체 봉사

_________ 32. 환경

_________ 33. 책임

_________ 34. 그리스도의 주되심

_________ 35. 위엄

_________ 36. 충실

_________ 37. 공명 정대

_________ 38. 과학 기술

_________ 39. 효율성

_________ 40. 종족적 다양성

_________ 41. 열정

_________ 42. 훈련

_________ 43. 협동 작업

_________ 44. 생명(임신 중절 반대)

_________ 45. 진실성

_________ 46. 생명의 변화

_________ 47. 대사명

_________ 48. 유머

_________ 49. 낙천주의

_________ 50. 융통성

_________ 51. 기타 _______________________

____

____

4나 5의 평가를 받은 핵심 가치들을 모두 써넣으라(당신이 가장 중요하다고 생각하는 가치들의 목록을 12개까지만 작성한다). 이것들을 우선순위에 따라 등급을 매기라(가장 높은 것 앞에다 1이라는 수를 쓰고 다음으로 높은 것 앞에는 2라고 쓰는 식으로 한다).

부록 B

Appendix B

핵심 가치들 진술
노스포인트 공동체 교회

다음의 내용은 노스포인트 공동체 교회의 핵심 가치들을 제시하고 있다. 우리는 이 가치들이 교회의 사역을 따뜻하고 정감있는 환경의 장 안에서 정의하고 추진하게 해 주기를 원한다.

그리스도의 머리되심

우리는 그리스도를 우리 교회의 머리로 인정하며 우리 자신과 모든 활동을 그분의 뜻과 그분께서 좋아하시는 대로 바친다(엡 1:22-23).

성경적 가르침

우리는 하나님의 말씀을 성실하게, 권위를 가지고 가르친다. 그리하여 구도자들이 그리스도를 발견하도록 하며 신자들이 그분 안에서 성장하도록 한다(딤후 3:16).

진정한 예배

우리는 개인적 삶에 있어서, 그리고 우리 교회의 집단적 예배에 있어서 하나님의 최고의 가치와 진가를 인정하게 되기를 원한다(롬 12:1-2).

기도

우리는 교회의 모든 사역과 활동의 구상, 계획 세우기, 그리고 이행에 있어서 개인 기도와 공동 기도에 의존하고 있다(마 7:7-11).

공동체 의식

우리는 모든 사람들이 성경적 기능을 하는 소그룹에게 몰입하며 거기에 충분한 시간을 들여 참여하기를 요청하는 바이다. 소그룹 안에서는 그들이 길 잃은 사람들에게 다가가고 그들의 은사들을 활용하고 돌봄을 받을 수 있다. 그리하여 그리스도를 닮는 가운데서 자랄 수 있을 것이다(행 2:44-46).

가족

우리는 가족을 영적으로 양육시키는 일을 그리스도인의 신앙을 영속시키기 위한 하나님의 역동적인 수단들의 하나로서 지지한다(딤후 1:5).

은혜 지향성

우리는 교인들이 죄의식과 정죄보다는 사랑과 감사의 마음을 인하여 그리스도를 섬기게 되기를 권한다(롬 6:14).

창조성과 기술 혁신

우리는 그리스도를 위하여 문화적 연관성을 추구하며 효율을 극대화시키는 사역을 추구하는 한편 형태와 방법을 끊임없이 평가하려고 한다(대상 12:32).

결집된 회중

우리는 독특한 심성과 은사가 있는 모든 사람들이 사역을 효과적으로 성취하도록 갖추어 주고자 노력한다(엡 4:11-13).

길 잃은 사람들

우리는 교회에 다니지 않는 길 잃은 사람들을 귀하게 여기며 그리스도를 높이는 데 이용할 수 있는 모든 수단을 동원해서 그들을 찾아 복음을 전하며 제자로 만들 것이다(눅 19:10).

사역의 탁월함

하나님께서는 자신의 가장 좋은 것을 주셨으므로, 우리도 모든 사역과 활동 가운데서 높은 수준의 탁월함을 지속적으로 유지함으로 그분을 영화롭게 하도록 애쓴다(골 3:23 - 24).

부록 C

Appendix C

비전 진술
노스포인트 공동체 교회

비전은 실제 즉 지금 있는 것에 대한 것이 아니다. 비전은 전적으로 우리의 꿈과 염원들, 즉 이루어질 수 있는 것에 대한 것이다.

노스포인트 공동체 교회에서 우리는 그리스도의 죽음과 부활의 좋은 소식을 우리 마을에 사는 교회 다니지 않는 수천 명의 친구들과 사람들에게 나누고자 하는 비전을 가지고 있다. 그들 중 많은 이들이 예수님을 구세주로 영접하였다.

우리는 사람들을 다정하게 대하는 예배 분위기와 주일학교, 특별한 행사들, 그리고 가장 중요한 것으로 소그룹 활동을 통해서 사람들 – 신앙이 확고한 신자들뿐만 아니라 새 신자들도 – 을 모두 개발시켜서 충분히 기능을 다하는 그리스도의 추종자들로 만들고자 하는 비전을 가지고 있다.

우리는 소그룹들이 모인 교회가 되는 비전을, 사람들이 성경적 공동체를 모범으로 따르는 교회가 되는 비전을 가지고 있다. 우리가 서로를 용납하고 또 서로 용납되는, 사랑하고 사랑 받는, 돌보고 돌봄을 받는, 용기를 북돋우고 용기를 부여 받는, 용서하고 용서 받는, 봉사하고 봉사를 받는 안전한 장소가 되는 것이 우리의 비전이다.

우리는 모든 사람들 – 어린이든 성인이든 간에 – 을 도와 그들이 자신들의 신성한 설계도를 발견하도록 하고자 하는 비전을 가지고 있다. 그리하여 그들이 교회의 안팎에서 어떤 사역을 하는 중에 효과적으로 그리스도를 섬기도록 준비를 갖추게 하기를 바란다. 우리의 목표는 모든 교인이 사역자가 되는 것이다.

우리는 수많은 사람들을 공동체 안으로 환영하며 받아들이는 비전을 가지고 있다. 그들은 그리스도에 관하여 흥분하고 있으며 그들의 가족 관계와 결혼 관계에서 치유를 경험하고 있으며 사랑 안에서 함께 자라고 있다.

우리는 교인 중에서 많은 사람들을 선발하고 훈련시켜서 선교사들로, 교회 개척자들로, 교회 일꾼들로 전 세계로 보내고자 하는 비전을 가지고 있다. 우리는 또한 많은 사람들이 여러 나라에서 단기 선교 사역을 감당하는 것을 보고 있다. 우리는 2년에 한 번씩 미국 내나 해외에 교회 하나를 개척하고자 하는 비전을 가지고 있다.

우리는 성장을 수용할 수 있는 그리고 온 공동체가 접근할 수 있는 보다 더 큰 시설을 갖는 비전을 품고 있다. 이 시설은 주일학교, 소그룹들, 성경 공부반, 기도회, 그리고 다른 모임들을 위하여 넓은 장소를 제공하게 될 것이다. 우리는 "보다 더 큰 것이 보다 더 낫다"라는 말을 믿지는 않지만, 양적 성장은 효과적인 복음 전도의 부산물이다. 따라서 우리는 하나님께서 허용하시는 바를 좇아서, 그리고 우리를 사용하시는 바를 좇아서, 성장하기를 바라며 길 잃고 죽어 가는 세상을 향하여 나가게 되기를 바란다.

이것이 우리의 꿈이다. 이루어질 수 있는 것에 대한 우리의 비전이다!

기도

주여 이 책을 읽는 독자들에게 마지막 시대를 지키는 교회로서의 사명과 세속화를 이기고 교회로서의 본질을 지키며 부흥시키는데 도움이 되게 하옵소서...

※이 책의 저자 오브리 맬퍼스와 편집하신 워렌 W. 위어스비 목사님께 진심으로 감사드립니다. – 역자

참고도서

Select Bibliography

1장. 목회자와 인격

Kouzes, James M., and Barry Z. Posner. *Credibility*. San Francisco: Jossey-Bass, 1993.

Malphurs, Aubrey. *Maximizing Your Effectiveness*. Grand Rapids: Baker, 1995.

McIntosh, Gary, and Samuel D. Rima Sr. *Overcoming the Dark Side of Leadership: The Paradox of Personal Dysfunction*. Grand Rapids: Baker, 1998.

Ryrie, Charles C. *Balancing the Christian Life*. Chicago: Moody, 1969.

Sanders, J. Oswald. *Spiritual Leadership*. Chicago:Moody, 1980.

Swindoll, Charles R. *Integrity*. Grand Rapids: Zondervan, 1981.

Wiersbe, Warren W., and David W. Wiersbe, *Ten Power Principles for Christian Service: Ministry Dynamics for a New Century*. Grand Rapids: Bapids: Baker,1997.

2장. 목회자와 리더십

Gangel, Kenneth O . *Feeding and Leading*. Wheaton:Victor,

1989.

Jones, Bruce W. *Ministerial Leadership in a Managerial World.* Wheaton: Tyndale, 1988.

Kouzes, James M., and Barry Z. Posner. *Credibility.* San Francisco: Jossey-Bass, 1993.

Saucy, Robert L. *The Church in God's Program.* Chicago: Moody, 1972.

3장. 목회자와 교회

Barna, George. *The Power of Vision.* Ventura, Calif.: Gospel Light, 1992.

Frazee, Randy, with Lyle E. Schaller. *The Comeback Congregation.* Nashville: Abingdon, 1995.

Malphurs, Aubrey. *Advanced Strategic Planning.* Grand Rapids: Baker, 1999.

_________. *Developing a Dynamic Mission for Your Ministry.* Grand Rapids: Kregel, 1998.

_________. *Developing a Vision for Your Ministry in the 21st Century,* 2d ed. Grand Rapids: Baker, 1999.

_________. *The Ministry Nuts and Bolts : What They Don't Teach Pastors in Seminary.* Grand Rapids : Kregel,1997.

_________. *Strategy 2000.* Grand Rapids: Kregel, 1997.

_________. *Values-Driven Leadership.* Grand Rapids: Baker, 1996.

4장. 목회자와 사람들

Belasco, James A., and Ralph C. Stayer. *Flight of the Buffalo.* New York: Warner Books, 1993.

Dethmer, Jim. "Moving in the Right Circles." *Leadership* (fall 1992):86-91.

Reed, Bobbie, and John Westfall, *Building Strong People:*

How to Lead Effectively. Grand Rapids: Baker, 1997.

Saucy, Robert L. *The Church in God's Program*. Chicago: Moody, 1972.

5장. 목회자와 변화

Getz, Gene A. *Sharpening the Focus of the Church*. Chicago : Moody, 1974.

Hull, Bill, *7 Steps to Transform Your Church*. Grand Rapids: Revell, 1997.

Malphurs, Aubrey. *Doing Church: A Biblical Guide for Leading Ministries through Change*. Grand Rapids: Kregel, 1999.

________ . *Pouring New Wine into Old Wineskins*. Grand Rapids: Baker, 1993.

Schaeffer, Francis A. *The Church at the End of Twentieth Century*. Wheaton: Crossway, 1970.

White, James Emery. *Rethinking the Church : A Challenge to Creative Redesign in an Age of Transition*. Grand Rapids: Baker, 1997.

6장. 목회자와 문화

Frame, John M. *Contemporary Worship Music*. Phillipsburg, N.J.: P & R Publishing, 1997.

Getz, Gene, *Sharpening the Focus of the Church*. Chicago: Moody, 1974.

*

역동적 교회 리더십

*

초판 1쇄— 2001년 5월 31일

*

지은이 — 오브리 맬퍼스
옮긴이 — 고영민 · 김기원
펴낸이 — 이 규 종
펴낸곳 — 엘맨출판사

*

서울시 마포구 합정동 433-62

출판등록 - 제10 - 1562호(1985. 10. 29.)

 *

TEL —(02) 323-4060, 322-4477
FAX —(02) 323-6416
E-mail —elman1985@hanmail.net

*

잘못된 책은 바꾸어 드립니다.

*

값 7,000원

이런 목회자가 교회를 성장시킵니다

목회자는 신이나 슈퍼맨이 아니다!

목회자에게는 사망의 음침한 골짜기가 있다. 바로 탈진의 골짜기이다. 그 골짜기를 지나면서 모세는 분노에 차서 반석을 지팡이로 쳤으며, 엘리야는 로 뎀나무 아래서 죽기를 간구했다. 또한 위대한 전도 자 바울도 살 희 망을 잃고 사역을 포기할 정도까 지 이르렀었다. 탈진을 이제 더 이상 자기만의 문 제로 여기지 말라. 하나님은 탈진의 골짜기에서 푸 른초장으로, 쉴 만한 물가로 인도하신다.

이흥배 지음 / 값 6,500 원

이런 목회자가 교회를 성장시킵니다

문제 해결의 열쇠는 목자정신 입니다.

어린양을 품에 안고 양떼를 온유하게 인도하며, 날 마다 양들을 위하여 자신의 삶을 희생하는 목자가 이시대에는 절실히 필요합니다.

찰스E. 제퍼슨 지음 / 김점옥 옮김
값 6,500 원